走对小学
每一步

（第4版）

李红延 著

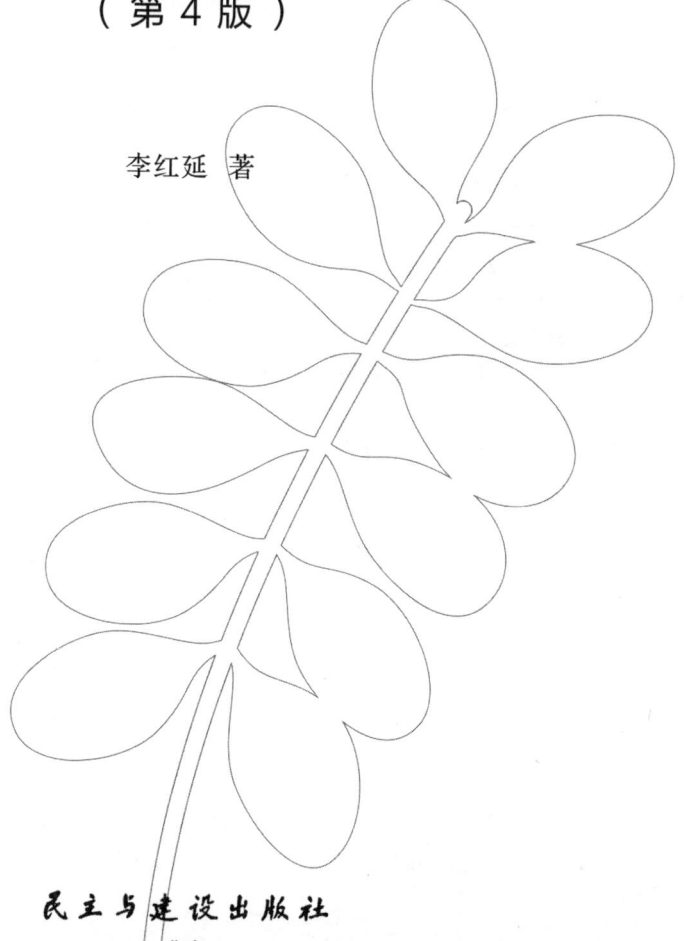

民主与建设出版社
·北京·

© 民主与建设出版社，2024

图书在版编目（CIP）数据

走对小学每一步 / 李红延著 . --4 版 . -- 北京：民主与建设出版社，2024.12. --ISBN 978-7-5139-4763-3

Ⅰ. G782

中国国家版本馆 CIP 数据核字第 2024JM3275 号

走对小学每一步
ZOUDUI XIAOXUE MEIYIBU

著　　者	李红延
责任编辑	刘　芳
封面设计	柏拉图设计
出版发行	民主与建设出版社有限责任公司
电　　话	（010）59417749　59419778
社　　址	北京市朝阳区宏泰东街远洋万和南区伍号公馆4层
邮　　编	100102
印　　刷	涿州市京南印刷厂
版　　次	2024年12月第1版
印　　次	2024年12月第1次印刷
开　　本	880毫米×1230毫米　1/32
印　　张	9.75
字　　数	159千字
书　　号	ISBN 978-7-5139-4763-3
定　　价	58.00元

注：如有印、装质量问题，请与出版社联系。

再版序
念起·缘生

当编辑告诉我《走对小学每一步》再版时,我的心中不由得感慨:"一念起,百缘生。"

三十多年前的一个下午,班里一个父母离异的孩子在学校闯了祸,我请他父亲到学校来。在我一通"告状"结束后,这位父亲长叹一口气,颓然地对我说:"老师,您说,我该怎么办?"随后他就给我讲了教育孩子的种种无奈,这位父亲边说边用求助的目光看着我,仿佛依然在重复那句话:"老师,您说,我该怎么办?"面对家长的期待,刚工作的我却只会说:"您得抓呀!您得管呀!"但我的语气越来越弱,因为我越来越惭愧……这件事深深地刺痛了我,从那以后,我就下定决心:要用专业的知识助力家长对孩子的培育。这就是"一念起"。

我一直觉得自己是幸运的，自从走上家庭教育这条路，其间遇到了很多的贵人，得到了很多的机会，真的是"百缘生"。感谢的话已经在前言"化青色为浓郁"中提到了，不再赘述。对于此书能够再版，我最想感谢的是各位读者！我没想到此书能受到读者如此欢迎，网上好评万余条。有的家长说："读此书就像开家长会时听老师讲话。"我承认，书中一定有我的局限与不足，但有那么多素不相识的家长愿意来参加这次"家长会"，这是多么大的缘分呀！感恩！

孩子的健康成长大到关乎民族未来，小到关乎家庭幸福。我看到了家庭教育的方兴未艾，能尽绵薄之力，实感荣幸之至。

最后感谢出版社促成此书的再版，希望我们在教育上达成的很多共识，以及那些好的"念"，能聚起更多更好的"缘"。

李红延

于清华园

前言

化青色为浓郁

经常有人问我如何教育"差学生",我的回答是:"在我眼里,学生没有好坏之分,只有需要帮助的孩子。而且,所有的孩子都需要帮助!"

这几年来,我一直在倡导"做最朴素的教育"。简单地说,这句话有两层含义:第一层,教育要指向人内心的本真;第二层,教育的过程不能带有功利性。那么,就前面所说的"帮助"而言,就是要帮助孩子具备一种能力——提升和保持自己内心纯真的能力。

"化青色为浓郁",是我特别喜欢的一句饱含着教育智慧的话。对于这句话,我的理解是:孩子本是"青色"的,我们就不该把他教育改造成"红色""白色"……让他做最好的自己，在爱的期待中慢慢成长，开枝散叶，蓬勃而浓郁。这个道理说起来简单，但是做起来真的很难。我遇到过很多家长，他们不知道自己的孩子是什么"颜色"的。即使有的家长知道，因为自己不喜欢，也要对孩子强加改变。教育的不幸大都源自于此。所以，在这本书的第一章，我首先讲了这个道理，因为这是一个重要的方向性问题。与之相比，家长们最关心的"如何提高学习成绩"等，反倒只是相对次要的技术层面的问题。

曾经有一位家长问我："李老师，你对自己孩子的培养目标是什么？"我脱口而出："做一个健康快乐的普通人。"这位家长惊讶地问："会不会太低了？"我想，这位家长可能是觉得"普通人"三个字太"普通"了。我们常常会把"普通人"跟"平庸""没出息"这些词联系起来。由此可见，教育的功利性已经扰乱了我们的视线，使我们有意无意地忽视了孩子成长的规律，甚至打乱了他们生命成长的节律。我想强调的是：在健康、快乐面前，人人平等，能始终做一个健康快乐的"普通人"本身就是一件了不起的事情。

在我从事家庭教育以来，社会在变，教育环境在变，但我发现，家长的问题没有什么改变。在这本书中，我把家长们问得最多的问题通过案例的方式呈现出来，希望能给大家

前言
化青色为浓郁

提供一个解决问题的思路。诚恳地说，有两个问题是我无法解决的。第一，教育的道理不难懂，但是行动起来会受到家庭成员、个体性格等各种因素的影响，这就需要我们做出平衡。具体该怎么做，其实是一个很个性化的问题，需要我们每一位家长拿出勇气和智慧。第二，陪伴孩子是一件需要有很大耐心的事情，即使家长帮助孩子改正一个小缺点，也需要花费很多精力和时间，还要做好反复纠正的心理准备。这种耐心，不是谁能教出来的，唯有"爱"能使其勃发。

这本书，我断断续续写了近十年，今天能够出版，首先要感谢我的家人，他们给了我最强有力的支持与鼓励，不断地帮助我找到平衡点，有他们的摇旗呐喊，我这个普通人才能始终保持健康快乐。其次，感谢《父母必读》杂志社的编辑段冬梅、《中国教育报》的编辑却咏梅，还有北京教育学院的张红教授，他们一直引领我，使我能从纷繁的琐事中看到本真和规律；他们的肯定，促使我一直欣喜地前行。最后，我还要感谢所有我教过的学生，本书后记"孩子也教会了老师很多"是我对他们的真情告白。

走对小学每一步　　　　「目录」

01 让孩子慢慢成长，做他自己

哪有什么"全能冠军" / 003

性格没有好坏之分 / 006

告别简单粗暴的"家长制" / 009

读懂十岁的孩子 / 012

快乐学习，快乐生活 / 019

梦是前进的内在动力 / 022

真正的快乐应该是得到别人的尊重，实现自我价值 / 025

02 孩子上学，家长不必太焦虑

不急不躁迈入一年级 / 035

幼小衔接的关键词——适应 / 040

入学后的两次生病高峰 / 047
转学是新的开始 / 050

挫折教育就是教孩子如何面对生活 / 054

03 学会交往是件大事

"谁找"与"找谁" / 061
同学关系处不好，老是受欺负 / 065
男女生相处的学问 / 069
爱告状，专挑别人的错 / 076
友情变化无常 / 080
做保护自己的超级英雄 / 086

情感培养让孩子成为一个善良、真诚、宽容的人 / 090

04 会学习，才能爱学习

上学后孩子好像变笨了 / 097
没完成作业的孩子 / 100
在家会≠在学校会 / 103
努力却得不到好成绩 / 107
该请家庭教师吗 / 111

非智力因素是孩子成功的重要条件 / 115

目 录

05 辅导孩子学习需要知道的那些事

考前复习要有针对性 / 121

冷静对待孩子的试卷 / 124

写好作文,积累和技巧两手抓 / 128

光看书是写不好作文的 / 132

辅导作业有高招 / 136

从有趣到志趣,是追求远大的人生理想的过程 / 139

06 五个好习惯保证学习效果

好习惯一:不马虎 / 145

好习惯二:会倾听 / 148

好习惯三:能质疑 / 152

好习惯四:做后查 / 156

好习惯五:爱阅读 / 160

自觉不是家长叮嘱出来的,是在生活、学习中培养出来的 / 162

07 家庭是教育的主战场

教育不能"抢修" / 169

孩子是家长的一面镜子 / 171

要教,不要吓 / 175

不把别人家的孩子当标杆 / 177
培养自信心要做到十个字 / 179
单亲不单爱 / 182
惩戒是必要的，但不等于打骂 / 186

家教"十忌" / 190

08 小毛病会导致大问题

拖拉：吃饭吃到凉，做作业"磨洋工" / 199
丢三落四：今天丢了笔，明天落了本 / 202
顶嘴："你凭什么管我" / 208
嫉妒："看到他们得 100 分，我就生气" / 213
撒谎："今天没有作业" / 216
情绪抵触："你越不让做，我越要这么做" / 221

健康的性格源自良好的教育 / 226

09 会说才会教

要经常和孩子谈话 / 233
唠叨的"独角戏"不管用 / 236
有效谈话的四个原则 / 239
用赏识代替命令 / 243

表扬也要讲究方法 / 246

可以这样和孩子谈"死亡" / 250

如何与孩子科学地谈性 / 254

不听话或许是孩子独立意识的开始 / 259

⑩ 家校合作,走稳求学第一步

当孩子挨批评时 / 265

该不该当班干部 / 269

为什么总是"我们老师说……" / 272

不帮倒忙不添乱 / 276

孩子是家长眼中的树,却是老师眼中的林 / 280

后 记 孩子也教会了老师很多 / 285

01

让孩子慢慢成长,做他自己

家长A:我能把孩子培养成"全能冠军"。

家长B:孩子很内向,我希望他变成一个外向的孩子。

家长C:我怎么说孩子怎么做就行了,这才叫省心。

家长D:孩子怎么越大越不懂事了?

家长E:要是孩子能把玩的时间用来看书,那该有多好!

家长F:孩子总爱幻想一些没用的东西,浪费时间。

生活中总会有这样一些人,他们衣食无忧,却做着自己不喜欢的工作,过着自己不喜欢的生活,总觉得找不到真正的自我,其中也许就有你和我。为什么会这样?原因之一是我们的教育往往忽视对"人"这个个体的尊重与关怀。

  "化青色为浓郁",是我特别喜欢的一句饱含教育智慧的话。我的理解是:孩子本是"青色"的,我们就不该把他教育改造成"红色""白色"……让他做最好的自己,在爱的期待中慢慢成长,开枝散叶,蓬勃而浓郁。教育是精耕细作的"农业",播种和收获不在一个季节里,教育需要等待。

哪有什么"全能冠军"

我听一位老师讲,他们学校在招收一年级新生时发现了一个"神童"。那孩子才七岁,琴棋书画样样精通,入学考试时,先用英语背了首诗;然后拿起《人民日报》,不带磕巴地读了篇社论;放下报纸,又拿起小提琴,有声有色地演奏了一段《梁祝》。据说,他还很擅长电脑,汉字输入的水平可以和打字员较量。

听完了介绍,我将信将疑地问:"那孩子真的打算上一年级?"这位老师自豪地说:"当然,而且分在了我的班。"我不禁替这位老师捏了把汗:这么全能的孩子,要是和其他孩子一样教,难度该有多大啊!

过了一学期,当再遇到这位老师时,我迫不及待地问她:"你那个神童弟子怎么样了?"没想到,她很平淡地回答:"学习成绩还是可以的。"我好奇地问:"难道他还有什么不可以的吗?"

老师说:"那孩子确实聪明,主要是家长教育得好。说实在的,真的很少见到这么执着的家长。他妈妈想要把孩子培养成'全能冠军',她的目标是,孩子不管学习什么科目,成绩都得优秀,而且要拿第一名。她说只有从小这么培养,长大才能无论遇到什么竞争都稳操胜券,还说现在孩子年龄小,可塑性强,做的事情也简单,这样高标准严要求是科学的。"

"孩子受得了吗?"我有些担心地问。

"还行吧,我想是习惯了。但我总觉得他身上缺少像其他孩子那样的朝气。"

大约又过了一个月,我去他们学校办事的时候,恰好见到了这个"全能冠军"——他规规矩矩地站在老师旁边,眼里噙着泪水。原来,这孩子因为不会跳绳,怕体育测验,所以撒谎说肚子痛,躲在厕所里不去上课,这已经是第二次了。老师叹了口气:"世界上哪有什么'全能冠军'啊!这孩子的身体素质不是特别好,自然有比不过别人的地方,但又怕家长责怪,所以只好撒谎了。"

俗话说,十个手指各有长短。我们每个人因为先天条件和后天培养的不同,都有所能、有所不能。对孩子严格要求是正确的,但也要讲实际。家长望子成龙的心情可以理解,但揠苗助长的做法并不科学。曾听过一位妈妈责备女儿:"你弹琴总比不过薇薇。"小姑娘理直气壮地反驳:"我画画比她强。"这就是家长的期望与孩子实际情况的差异。

在孩子还小的时候,家长让他们做什么,他们不会正面抵抗,如果遇到他们力所不能及的事情,他们会用自己的方法解决。比如像前面讲到的那个孩子,他会躲在厕所里逃课,这个方法在大人看来很可笑,却是孩子在自己能力范围内能想到的最佳方案。

所以,不要再要求孩子当什么"全能冠军"了,与其设定一个家长想要的目标,不如选择一个符合孩子实际的努力方向。人都是在不断学习中成长的,有些事情孩子现在做不到,以后通过努力可以做到;也有些事情,或许努力一辈子仍旧做不到,但那又有什么关系呢?谁的成长过程不是这样?

性格没有好坏之分

一次家长会后,很多家长围着老师询问孩子的情况。第一个提问的是罗佳的妈妈:"老师,我们罗佳最让人头疼的就是成天不知愁,大大咧咧,您看她同桌王小娟多好,又稳当又听话。我老让她跟王小娟学,可就是比不上人家,怎么办呀?"

等老师接待完罗佳的妈妈,一直在教室后面看墙报的王小娟妈妈走了过来。显然,她没有听到刚才罗佳妈妈的话,她对老师说:"您看,我们家小娟就是太老实了,不爱说不爱笑。她的同桌罗佳多招人喜欢,又活泼又开朗,我们小娟能有人家一半儿,我就知足了。"

两个孩子都不错,但在各自妈妈的眼里总比别人家的孩子差一截,而她们的妈妈都没有意识到,自己孩子的"缺点"正是别的家长羡慕的"优点"!不妨假设一下,如果罗佳变成了王小娟,王小娟变成了罗佳,她们的妈妈会满意吗?当然不会,也许她们还会觉得以前的那个孩子更可爱。

现在的家长对孩子的期望值普遍比较高,都希望孩子好上加好，但是总拿自己孩子的短处去比别人家孩子的长处，对孩子来说是不公平的。

俗话说，江山易改，禀性难移。一个人的性格是很难改变的。有的孩子在婴儿期就很难看护，对不良刺激反应强烈，爱哭闹；而有的孩子则容易看护，饮食、睡眠有规律，不爱哭闹。这两种孩子长大后，很容易形成不同的性格。

孩子的性格很难选择，但是家长可以好好分析一下，自己孩子的性格中，哪些是积极的、应该鼓励的，哪些是消极的、应该引导的。我们以罗佳和王小娟为例进行分析：罗佳是个外向的孩子，她思维灵活、开朗活跃，喜欢和别人交往，但做事没有毅力，兴趣爱好一大堆，却没有一项能坚持到底的；王小娟是一个内向的孩子，她做事稳重、踏实，作业本永远是干净整洁的，但胆子很小，上课从不举手回答问题，课间也总是一个人坐在教室里看书。

家长对待不同性格的孩子要有不同的标准，尽可能地发挥孩子性格中的优势。比如对罗佳，就得要求她上课积极回答问题，充分发挥头脑灵活、表达能力强的优势；而对王小娟，就得要求她作业质量高，充分发挥踏实认真的优势。

在引导孩子发挥性格优势的同时，还要帮助他们克服消极方面的问题。比如经常教育罗佳做事要善始善终、稳健有序；鼓励王小娟要多和同学交往，勇于表达自己的思想感情。

有的家长能认识到孩子的性格差异，可是又担心：不同性格的孩子，成功的可能性一样大吗？这里不妨举一个例子：普希金是一个热情、直率的人，果戈理却孤僻沉静、多愁善感，而另一位寓言家克雷洛夫则是个典型的慢性子，虽然性格差异很大，但是他们在文学领域都做出了杰出的贡献。

因此，性格不存在好坏，关键在于教育培养。有一个孩子胆子非常小，都十岁了，一遇到生人还躲到爸爸妈妈的身后。在学校，老师也反映孩子上课不敢举手回答问题，同学们一起玩的时候，他总是躲在一旁。后来，家长经过反思，找到了造成孩子性格胆小的原因：一方面，孩子从小体弱多病，与人接触少，所以常常显得羞怯；另一方面，家长对孩子的期望较高，每当孩子犯错时，家长都会严惩，这就使孩子对自己丧失了信心。

意识到这些问题后，家长开始鼓励孩子多参加学校活动，一到节假日就带孩子去游览，开拓他的眼界。一段时间以后，孩子的见识越来越广，积累的知识和经验越来越丰富，自信心也增强了。由于家长调整了对孩子的教育态度，从以前的批评训斥变成了现在的表扬鼓励，这个孩子渐渐地消除了恐惧感和约束感，性格也变得活泼开朗起来。

告别简单粗暴的"家长制"

现在的家长常常感觉对孩子的教育越来越力不从心了。我想，其中的原因有很多，有一个原因更是不容忽视的：现在有个性、有自己见解的孩子越来越多了。换个角度来看，是家长越来越重视孩子的个性培养。比如在上一代，好孩子的标准就是听话，可现在家长对孩子的期望已经变成自立、自主。这种变化是一种社会趋势，反映了教育思想的改变，也对家长提出了更高的要求。比如，下面案例中的壮壮爸爸认识到：现在要对孩子下命令，必须讲清楚原因，否则要么被否决，要么招来一连串的问题。让壮壮爸爸感触最深的是"带水事件"。

壮壮刚上学的时候，家里每天给他准备的是白开水。过了几天，壮壮就提出要带饮料，还振振有词地说班上很多同学都带饮料，什么果汁啦、可乐啦、豆奶啦……壮壮爸爸不耐烦地说："让你带什么就带什么，别提那么多条件。"没想到没过多久，班主任就告诉壮壮爸爸，壮壮经常向同学要水喝，有一次同学没给他，他就悄悄地在别人的塑料瓶上扎眼儿。

壮壮爸爸很生气，回家责问壮壮。壮壮委屈地说："别人的水就是好喝，我忍不住想尝尝。"壮壮爸爸怪自己没讲清楚道理，就耐心地解释：饮料的糖分太高，会损害牙齿，不利于健康。壮壮听了，也不再闹了。可是才过了几天，壮壮回家说："同学说你怕花钱，才骗我白开水好喝。"小小年纪就有这样的想法，壮壮爸爸没办法，看来只能找其他更具说服力的证据了。他突然想起在一个微信公众号上看过一篇关于孩子喝白开水更健康的文章，于是搜索到这篇文章，郑重其事地念给壮壮听，壮壮这才露出满意的神色，从此再也没提带饮料的事。

类似的事情有很多，虽然是小事，却给家长出了难题——教育孩子仅靠命令是不行的，还得让孩子了解执行命令的原因。有位教育家曾经说过，每一个孩子都是父母的作品，如果父母使用的是简单、粗暴的手段，那么雕刻的作品也是粗线条的；要想得到一件精品，父母需要付出耐心与智慧，而耐心包含着父母对成长的等待。因此，父母不要急于把自己想要的强加给孩子。

很多年轻的父母，在孩子出生之前就开始为孩子描绘美好的未来了。其实，在面对活生生的孩子时，更应该考虑现实状况。有个叫巧巧的孩子，本来是一个很普通的女孩，父母却希望她处处拔尖、事事抢先。为了达到父母的期望，巧巧承受了很大压力，她学会了看大人脸色行事，凡是教过她的老师都觉得她缺少些孩子该有的纯真。这是家长揠苗助长造成不健康心理的典型例子。

越来越多的家长开始重视学习教育理论，知道"家长制"是不可取的，希望与子女之间建立起一种民主、和谐的关系，但要达到这个目标，在具体操作上还需要摸索，就像前面讲到的壮壮爸爸，"带水事件"使他领悟到要对孩子讲道理，而巧巧的父母就应该在期望的"度"上做一些调整。

"父母难当"，这句话反映了许多父母的焦虑，但换个角度想，正因为我们太想孩子好，所以才会觉得做父母难。

读懂十岁的孩子

小志今年上小学四年级，妈妈发现之前听话懂事的儿子好像越来越不听话了：从上一年级开始，每晚吃过饭，小志都会自觉地去倒垃圾。但是现在小志倒垃圾的积极性没有那么高了，有时就算提醒了，也会磨磨蹭蹭的；从前小志对于父母的安排言听计从，现在却经常会问为什么要这么做，甚至还会说"凭什么"；上了四年级，小志坚决不让大人接送上下学，并保证注意安全，按时到家，但是他独自上下学一个月，已经有三次因为贪玩没有按时到家的情况发生。妈妈本来想收回让小志自己上下学这个"特权"，但是他一再保证，请求妈妈相信他，再给他一次机会。

小志的变化令妈妈摸不着头脑，孩子大了，亲子矛盾多了，应该怎样认识他的变化，又应该怎样保持顺畅的沟通？

如果家里有已经小学毕业的家长可以回忆一下：有没有一件事，您的孩子从小就毫无怨言地干，但是有一天，他突然不干了。例如小志，他"从上一年级开始，每晚吃过饭，小志都会自觉地去倒垃圾,但是现在小志倒垃圾的积极性没有那么高了,有时就算提醒了,也会磨磨蹭蹭的"。甚至他还会反问:"为什么要这么做?"

您想想这种情况大概发生在什么时候?十岁左右吧。(当然这里说的岁数只是一个大概的数字,因为孩子之间有差异,最多能差一两年。)父母看到孩子的这种反应,听到这样的语言,往往十分不解:孩子怎么越大越不懂事了?甚至为了强调做这件事情的重要与必要,家长会采取比较激烈的方式。其实,如果我们这样想问题:大多数孩子都出现相似的情况,这是不是意味着不是"我的孩子有问题",而是"成长过程中正常的表现"呢?

一个孩子的成长不可能一蹴而就,在一夜之间完成,而是慢慢地、悄悄地发生并变化。对于这种变化,很多家长很难感受到,也容易用负面情绪对待,而时间一长,对孩子的误解就会加重,很多问题非但没有真正解决,反而使得亲子关系疏离。所以,读懂十岁孩子,对孩子今后的发展及构建健康的亲子关系都十分有益。

我们初看小志的案例时似乎没有什么头绪,但他的种种表现正是十岁孩子的写照。现在,让我们透过现象看本质,读一读这个阶段孩子成长的秘密吧。

第一，孩子的纪律性变化

如果我问你，小学一至六年级学生遵守纪律的情况是图 1 的 A 还是 B，你的答案会是什么？

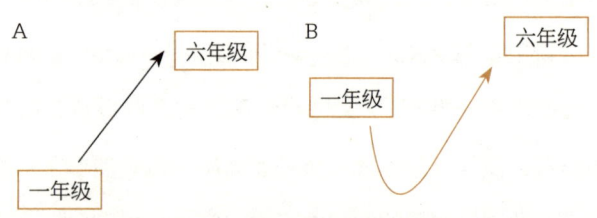

图 1　孩子的纪律性变化

正确答案是 B。有经验的老师都知道三四年级的学生在纪律上是最不好管理的，同学之间的矛盾冲突也是最多的。为什么呢？

从心理角度上看，"十岁期"会有两个发展迅猛的方面：一个是自我意识，一个是理性思维。相比较之前的发展，在这个时期，孩子在这两方面正以一种不可思议的速度发展着。他们会更多地关注自己的感受，渴望被认可，希望别人把他们看成独立的个体。比如小志坚持独自上下学就是一种表现，但是如同所有的新生事物在萌芽期总是稚嫩与不稳定的一样，"十岁期"的孩子也是如此，他们面临的最主要矛盾是：自己急于独立的冲动与还没有建立完备的自我保护、

让孩子慢慢成长，做他自己

自我约束机制之间的矛盾。

并且这个时候，外部干预机制对孩子的影响也在消减：一方面很多家长意识到要对孩子慢慢放手，所以没有那么事无巨细；另外一方面孩子已经适应了外部机制的干预，比如学校环境、奖惩方式……这使得他们"见怪不怪"了。所以会出现小志妈妈说的"眼高手低"的现象。小志觉得自己是大孩子了，还让父母接送太像低年级的小朋友了，他兴奋于那种独来独往的感觉。但是他在路上会遇到各种诱惑，第一次是路过卖游戏机的商店，他被正在打游戏的画面吸引了，不自觉地停下了脚步……事后回家晚了挨了妈妈批评，他心里也后悔不已，告诫自己再经过游戏商店时，一定要低头快步走。第二次是好朋友耀辉要买一款新游戏，硬拉着他去当参谋，小志不好意思拒绝，心想反正买了就走，不会耽误时间的，也就答应了。结果进了游戏商店，琳琅满目的商品很快就让小志忘记了时间……回家后挨了妈妈一顿斥责，小志反复保证才保住了"独走权"，同时他也暗下决心，换条路走，远离游戏商店。谁知第三次，眼看都快到家了，没想到又遇到了耀辉，两人就聊起了游戏，这一聊就又忘了时间……

从小志的遭遇看，他一直是想按时回家的，但总遇到诱感和新问题，事后他也在积极想办法。这就是我上文所说的"急于独立的冲动与还没有建立完备的自我保护、自我约束机制之间的矛盾"。

第二，家长的视角问题

现在我们再站在小志妈妈的角度看问题，她更多关注的是事情的结果，一味强调孩子信守诺言，不愿意孩子眼高手低，导致她没有耐心与孩子交流，忽视整个过程中孩子积极的想法与做法，没有及时帮孩子总结经验和教训，只停留在责备与抱怨的层面，这是很低效的教育方式。孩子并没有因此"吃一堑，长一智"，只是暂时被吓到了，如果妈妈今后还用这种方式教育孩子，小志就会由害怕转为反感甚至是愤怒，这就很容易改变矛盾的方向，挫伤亲子关系。

很多家长知道，当孩子进入青春期后，亲子关系将进入敏感期，是亲子冲突最为激烈的阶段。但还是那句话："一个孩子的成长不可能一蹴而就，在一夜之间完成。"从小时候孩子对父母的百般依赖，到青春期的各种冲突，中间不是真空的，而是"慢慢地，悄悄地发生的"，有时候家长比孩子还要麻木于这种改变，依然在用老办法解决新问题。

让孩子慢慢成长，做他自己

我们来看小志倒垃圾这件事。一年级倒垃圾时小志开始是高兴和好奇的，因为妈妈告诉他：好孩子都是这样的！有时候妈妈还会夸奖他，他会觉得特别高兴。虽然有时候小志也有犯懒的想法，但一方面他怕妈妈说他，另一方面他会觉得不这么做就不是好孩子。四年级开始小志就消极怠工了，开始需要妈妈催了；当妈妈催过后，他会应付地说："好的，马上。"但并未立刻行动；后来，当妈妈再催时，他就会不耐烦地顶嘴说："知道了，我又不是不倒，等会儿不行吗！"在几次"顶嘴"失败后，"倒垃圾"这件事上升成了对"我为什么要做这件事？！"的质疑。我也曾跟小志聊起这件事，他说："长大后我对我妈的表扬和奖励没有那么大的兴趣了，对于我妈惯用的招数已经了解了，也不怕了。"

"小志倒垃圾"其实是一个很典型的案例。当一个人自我意识增强时，他更多地在关注自我的感受，而在"十岁期"，这种"自我感受"有时会大于他人评价。需要说明的是，这里的"他人评价"指的是像小志妈妈这种"陈旧的评价"，家长要随着孩子的成长改变教育方式，比如"倒垃圾"这件事，如果依然还说"乖""听话"这样的词语，有可能会让孩子觉得家长敷衍或者忽视他已经长大这个事实。而这个时期的孩子，因为自我意识的发展，特别关注自己在他人心中的形象,所以妈妈可以当着爸爸的面感叹:"儿子真的长大了,能越来越多地为我分担家务了!"这比之前的只对小志说"乖!"的效果要好。

另外,这个时期的孩子,他们对自己的评价来自"我将要做的事"。比如小志保证能按时回家,就是拿将来要做的事说明自己是一个什么样的人;而成年人对于一个人的评价又是来自"你曾经做过的事",比如小志三次没有按时回家,所以妈妈就会很失望地说他不可信任。当评价标准不同时,必然会带来冲突。所以身为家长,我们要认识到孩子往往知行难合一的年龄特点和经验不足的人生特点,才能更多地把关注点由结果移向过程,与孩子探讨遇到的困难及解决办法,并不断地给予信任与鼓励。

第三,孩子成长规律

"十岁期"既是孩子们自我意识的发展期,也是理性思维的重要发展期,主要表现在他们开始探索之前习以为常的事情背后的意义。比如很多家长说这个时期的孩子越来越多地说"为什么要这么做?"或"凭什么要这样?",这其实往往是孩子在向成年人追究做事情的意义。还有的家长说,越不让孩子干什么他偏干什么!他们这是在干什么呢?这是他们在求真相！在孩子小的时候，家长告诉他们不能这样，不能那样，但现在他们长大了就会想：真的不能这样吗？做了会怎样？

当孩子再说些"拱火"的话时，家长不要被不良情绪控制，要冷静理智地想一想：他究竟想表达什么意思？我让他做这件事的真正意义是什么？

同时，当孩子进入"十岁期"后，家长要更多地打开孩子的视野，更多地交流对一些事情的看法，比如带着孩子看新闻，一起探讨热点话题，让孩子更多地参与家庭事务的讨论，等等。在这个过程中，不但家长的理性思考可以撬动孩子的思考，还有助于找到更多与孩子交流的平台，建构更和谐的家庭关系。

我们需要读懂十岁的孩子，十岁的孩子也渴望被我们读懂！

快乐学习，快乐生活

我曾接到一个朋友的电话，她说自己的侄子要到北京旅游，让我推荐几个好玩的地方。我有些诧异，故宫、景山、北海……到处都是好玩的地方，还用推荐吗？这位朋友却不以为然："去那些地方，孩子能学到什么？大老远地去一趟，我觉得还是学点儿知识好。"我领会了她的意思，忙说了几个博物馆、海洋馆、科技馆的地址。最后，我试探地说："二年级有课文专门介绍故宫、北海，去看看有助于学习。"她听了，想了想说："那还是应该去看一看的。"

放下电话，我不禁想到曾经听一位家长说过，有一次她带女儿去北海划船，玩得非常高兴，她甚至觉得自己都充满了孩子气，而女儿在此后的很长一段时间里也对那次划船津津乐道。通过这件事，她认识到：知识不只是书本上才有的，学习快乐、学习生活对于孩子的成长更有意义。

有一位家长苦恼地说："我儿子什么都不会，就会玩。"问他玩什么，这位家长想了想说："成天蹲在地上看蚂蚁搬家。"后来，这个爱看蚂蚁搬家的孩子在五年级时写了一篇关于蚂蚁生活的小论文，并且获了奖。用句俗话来说，这就是"无心插柳柳成荫"。这位家长当初绝没有想到，儿子还能玩出这样的水平。

和这位家长一样，很多家长都觉得自己的孩子只会漫无目的地傻玩、疯玩。我听过很多家长这么说："与其在外面野，还不如在家翻翻书。"大人们真的知道孩子的世界是什么样的吗？有一次，我无意间听到几个学生在交谈，他们所用的语言完全是属于他们的，想必在大人面前，他们是不会这样说话的。家长应该明白：孩子在外面瞎跑，其实那就是他们的小社会。在小社会中，他们学习如何与伙伴交往、如何应付各种麻烦，检验各种是非观念。大人们也经常回忆自己的童年，回忆儿时的伙伴，我们总能从回忆中感受到无忧无虑的快乐和真挚的友情，你能说这些感受没有价值吗？

生活中事事有学问，这就像我们要保持健康，就得摄取不同的营养，鸡鸭鱼肉要吃，萝卜白菜也要吃。如果只偏重一类知识，结果肯定会营养不良的。我认识一个孩子，他的父亲是博士，孩子本身也很聪明，但就是胆子小，上学一个星期，一句话都不说，别的同学出去玩，他就坐在座位上一动不动。更令人意外的是，这孩子连上下楼梯都很害怕。一了解才知道，他家住在十层，每天上下楼都是乘电梯，父母也不让他下楼跟其他孩子玩。缺少了社会沟通，孩子就丧失了学习机会，一旦把他推入群体当中，他的第一反应就是恐惧。

玩是孩子的天性，是孩子感知世界、了解生活、学习交往的重要手段。家长不要做任何事情都非得设定明确的目的，如果春游只是为了写日记，爬山只是为了锻炼意志，学钢琴只是为了比赛……那么对孩子来说，他的生活该是多么枯燥啊！他的勃勃生机又如何释放呢？

是孩子，就让他干孩子该干的事情吧！

梦是前进的内在动力

孩子的小脑袋里究竟装了多少稀奇古怪的东西，大人似乎永远也猜不到。

孩子的思维往往是简单的、直接的，也正是由于这种特点，孩子会很简单地把自己、感受和愿望三点直接联系在一起，所以当他们表达出来时，我们听起来就像是在说"梦"，其实这是孩子丰富的想象力，是他们对世界的一种幻想，但家长经常会用"异想天开""胡思乱想"加以否定。家长不知道孩子在"做梦"的同时还伴随着强烈的冲动，体验着"梦境"带来的快感。

我小时候就爱幻想，看完打仗的电影想当英雄，看完体育比赛想成为世界冠军。有一次，我听老师讲了一位作家少年成名的故事，就马上宣布自己要当作家。妈妈听了我的话，点头说："我也觉得你有这方面的天赋。"几天后，她就送我一个日记本，让我把想写的东西记录下来。一个学期后，当我把写得满满的一本日记交给妈妈时，她脸上洋溢着欣喜的笑意，"你真棒！"至今我还记得她说的这三个字。后来我想，妈妈当时知道我只是一时冲动，却没有奚落我，而是尊重我的感情，用信任的态度帮助我建立自信。她用这种很自然的方法，把我与遥不可及的目标拉近了，使我在幻想的同时享受到了成功的快乐。

如果我童年的"梦"和现实还有点儿联系，那么有些孩子的"梦"就显得漫无边际。有个孩子在《我的理想》这篇作文中写到自己想做国王，所有人都得听他的。可是在现实生活中，这个孩子是很怯懦的，"国王梦"反映出他性格中的矛盾。那么，其中是否也隐含着可塑造的因素呢？让我们看看孩子的爸爸是怎么做的。他没有简单地否定这篇作文，而是耐心地问：

爸爸："你说，什么样的国王才是好国王？"
孩子："大家都怕他。"
爸爸："那不是怕，是大家都愿意听他指挥，都尊敬他。"

孩子:"为什么尊敬他?"

爸爸:"是啊,你想想什么样的人才能受别人尊重,让别人喜欢呢?"

孩子:"勇敢、有本事、对别人好。"

爸爸:"对啊,其实你也可以做到这些,勇气可以锻炼,本事可以学习,对别人好就更容易了,你本来就是一个很善良的孩子。"

孩子:"爸爸,你是说我也会当国王吗?"

爸爸:"不是当国王,而是做一个像好国王那样的人。"

可以看到,这位家长在有意识地引导孩子,把"国王"这个概念一步步转化:受人尊敬→让人喜欢→你也能做到。帮助孩子一步步接近问题的实质,再稍加引导,就会使一个很不现实的想法变得简单、具体,从而激发孩子的自觉意识。

如果我们留心观察,就会发现有些孩子专爱做一种梦,这往往反映了他的兴趣倾向。有一位著名摄影记者从小梦想能在战场上冲锋陷阵,当个职业军官,从北京大学毕业后,他还到过某坦克师申请当装甲兵,虽然最终没有实现"将军梦",但正是那种军人般勇敢、执着的精神驱使他穿越海湾

让孩子慢慢成长，做他自己

战争的硝烟，走过人迹罕至的荒野，与"战神"相遇，与死神擦肩，成为新闻界的英雄。

像这样的例子还有很多，许多世界冠军、艺术家都是从儿时的"梦"出发，最终到达梦想的彼岸。所以，家长在倾听孩子说"梦"时，如果发现孩子在某一方面有强烈的愿望，千万不要放过，若能把这种"梦"化为孩子前进的内在动力，很可能对他今后的生活产生深远影响。

家长在长时间面对现实社会的过程中，与生俱来的想象力越来越退化。当孩子欣喜地告诉你他做的"梦"时，千万不要不耐烦地否定它，把它看成是幼稚的、可笑的，这会使一颗童心变得黯淡。退一步说，就算孩子的"梦"与知识和教育没有任何联系，那么欣赏一下孩子丰富的想象力、稚嫩的语言和纯真的童趣，不也是一件有趣的事吗？

真正的快乐应该是得到别人的尊重，实现自我价值

每一位家长都希望自己的孩子幸福、快乐。从某

种意义上来说，快乐就是得到满足，这种满足可能来自物质，也可能来自精神。按美国著名心理学家马斯洛的理论，人的需要可以分为五个层次：生理需要、安全需要、爱的需要、尊重需要和自我实现需要。可以看出，这五种需要是从低级向高级发展的，有的需要所带来的快乐是暂时的，而有的却是终生的。

那么，家长怎样才能使孩子获得永远的快乐呢？

有的家长可以满足孩子任何物质需求，要什么就给买什么，什么好吃吃什么，什么漂亮穿什么。这样的孩子快乐吗？当然了，因为他的物质需求得到了满足。但是，这种满足感是非常短暂的，轻而易举得到的东西，常常得不到珍惜。如果家长把孩子的快乐固定在物质上，而孩子本身又缺乏判断能力，那么结果将非常有害。

记得一部电视剧里有这样一句台词："如果我们现在把所有的一切都给孩子准备好了，等到我们力所不能及的时候，孩子会反过来埋怨我们没有给他创造好的环境。"这句话说得非常中肯。家长不要总把孩子护在翅膀下，他们总是要成长的，是翱翔于云霄的大鹏,还是只能跃上矮墙的雉鸡,都是从小培养出来的。试想,当有一天孩子失去了靠山,束手无策的他们会快乐吗?

那么,怎样的快乐才是真正的快乐呢?真正的快乐应该是得到别人的尊重、实现自我的价值。如果家长能帮助孩子得到这样的快乐,也就是送给他人生最宝贵的礼物。我们经常说:"过程是美丽的,追求的道路是最耐人寻味的。"在孩子成长的道路上,家长要做一个朋友、一个助威者,要尽量让孩子去实践属于他们自己的事情,只有真正地付出了,他们才会珍惜得到的。比如参加考试,家长看重的不应该只是分数,而应该是孩子的努力。孩子的独立和自信,就是在家长的不断鼓励中建立起来的。

我的孩子在高三时,学校要举行成人礼,需要家长给自己的孩子写一封信,我的孩子小名叫"开心",这寄托了我们全家对他的祝福,我由此展开想到,"开心"是一种状态,那么往更深层次进行探究,我们希望他到底拥有什么样的精神气质呢?我当时想到的就是——高贵!

亲爱的儿子：

　　回忆养育你的十八年，真的没有含辛茹苦；真的没有惴惴不安，有的全是欢声笑语，趣味盎然。感谢有你，我们不仅体会到身为父母的幸福，还对生命与世界有了更深刻的理解，这也是我们的成长。如果能对曾经的自己说一句话，我会选择回到怀孕时的自己，然后对她大声说："放心吧，你会有一个特别棒的好儿子！"

　　好了，现在我们站在你十八岁的这个时间节点上，来，转身！让我们一起面向未来，今天将是一个新的起点。

　　为了写这封信，我和你爸爸反复讨论，迟迟无法动笔，因为这是写给十八岁的你，更是写给未来的你，我们似有千言万语，但又一语难出，真是纸短情长。

　　我和你爸爸讨论过好几个话题"理想""自律""责任"……但都不满意，后来，我不断地问自己："我们到底希望儿子成为一个什么样的人？"最终，我想到的是——高贵！

　　记得在你小学二年级的时候，你是学校足球队的成员,每周你们都会雄赳赳地随教练出征,而每次的对手都是中高年级的大孩子,我不记得你们踢了多少场比赛,但只记得踢平过一次,其他都是输,而且都是类似0∶10这样的败绩,看你们一次次在球场上被碾压,我实在心疼,一次你又大败而归,我试探地问你:"总这么输,有意思吗?"你想都没想说:"踢,就有意思!"我一下怔住了,忽然,我感受到什么是真正的热爱,纯粹而充满激情,陶醉而身心愉悦。前段时间我问你:"你的理想是什么?"你反问我:"挣大钱算吗?"儿子,这当然不能算,最多是个"小目标",就像在球场上论输赢,如果不热爱事业本身,输几次就会被击垮。理想一定是建立在"踢,就有意思!"这样的热爱上。所以,我们想说的第一句话是:高贵与金钱没有关系,与内心的信念有关!而这种信念又来自于你对自己的期待。让这种期待成为灯塔,就能一直照耀你。

初二的时候,一次咱们去看话剧,当台上演员说着低级粗俗的台词,而台下有的人哈哈大笑时,你忽然回头看我,眼神中更多的是询问,"这可笑吗?"

我当时稍稍有些激动，心中出现两个字："成了！"因为这证明你已初步建立起了道德审美，而这种审美决定的是你不会成为什么样的人。我认为面对一个说脏话的孩子最好的教育不是让他忍住不说，而是让他真心嫌弃这种行为，这就建立了道德审美。所以，我们想说的第二句话是：高贵的定义中是有"嫌弃"二字的。孔子说："博学于文，约之以礼。"不断地学习和丰富自己，不肆意放纵自己，才能使自己的眼界越来越高，格局越来越大，当面对纷繁的世界时，高贵的素养会让你做出正确的选择。

儿子，记得刚上高中时，一次你突然感慨："有的同学真聪明呀！我最多就是中上等水平。"确实，无论是初中还是高中，一开始你真的算不上优秀，高中第一次期中考试你还是班里倒数。但你擅长"逆袭"，这是因为你身上有一种特别优秀的品质——踏实肯干：你会静下心来观察别人的优点，虚心请教，不断地设立小目标。当取得好的成绩时，你不会沾沾自喜，而总是说这是因为幸运。我们希望你能把这个优点一直坚持下去，并发扬光大，最终成为一种高贵的品质。就如同安徒生对高贵的诠释："苦难中追求梦想，幸福中怀有谦卑。"这是我们想说的第三句话：人生就是有艰难险阻，起起伏伏，当你在低谷的时候，对未来要依然充满希望，相信眼前的种种不如意都是暂时的，局部的，可改变的；而当你站在人生巅峰的时候，要心存感恩，静水流深。

儿子，你长大了！成年了！做一个高贵的人，内心飞扬，品格高尚，荣辱不惊。到广阔的天地间，去创造属于自己的世界吧！

爱你的爸爸妈妈
2019.03.06

每一位家长都望子成龙、望女成凤，不管是成龙还是成凤，孩子首先要成长为一个人，一个快乐的人，而积极的生活态度、乐观豁达的精神则是构成快乐的支柱。也许孩子的人生与家长设想的不一样，如果他很快乐，那不也是找到真正的幸福了吗？

02

孩子上学，家长不必太焦虑

家长A：孩子入学前知识储备到什么程度才能不掉队？

家长B：孩子在家什么都不会做，他能适应学校生活吗？

家长C：自打孩子上学以后，各种麻烦事就接连不断。

家长D：想让孩子转到离家近一点的学校上学，又担心他不能适应新环境。

李老师感言

　　孩子上小学，对任何一个家庭来说都是一件大事。现在，越来越多的家长仿佛患上了"入学焦虑症"，找不准起跑线在哪里。

　　其实，家长不用过于焦虑，只要静下心来，按部就班地去做，是很容易走上正轨的。教育不是只争朝夕，当我们陪伴孩子度过上学的第一天、第一周、第一个月、第一个学期、第一年时，你会发现一切都在自然地发生、自然地生长，麻烦事经常会有，但每一件都是孩子成长的"年轮"。

不急不躁迈入一年级

虽然离开学还有好几个月,新一年级的家长们却早早地开始各种准备。

第一,重视培养获取知识的方式和能力

表1是某幼儿园大班的家长就"上学后家长最关心的问题"的问卷调查结果。

表1 上学后家长最关心的问题

选项	小计	比例
学习习惯和学习兴趣	89	41.98%
知识储备(识字、拼音、加减法等)	42	19.81%

（续表）

选项	小计	比例
自我服务、自我管理能力（时间管理、物品管理）	36	16.98%
健康的身体和生活习惯	8	3.77%
社会交往能力	3	1.42%
专注与倾听、理解和执行能力	23	10.85%
健康的情绪情感表达与控制能力	10	4.72%
其他	1	0.47%
本题有效填写人次	212	

从中我们不难看出，与学习有关的问题被关注的比例最大。有一部分家长面对这个问题的处理方式是"提前学"，而"提前学"很容易令人产生焦虑情绪：听到别人家的孩子比自己家的孩子识字多会焦虑，听到别人家的孩子报了多少课外班会焦虑，听到别人家的孩子会背乘法口诀了会焦虑……似乎落后的总是自己的孩子，赢在"起跑线上"的都是别人家的孩子。

其实这种焦虑情绪是没有必要的，简单地"拼"知识储备并不是件好事，很容易造成揠苗助长。过度地提前学习，会消耗孩子对知识的好奇与热爱，是得不偿失的做法。

对于一年级的小学生来说，比追求简单的知识积累更重要的是获取知识的方式和能力，如下：

1. 倾听

家长往往关注"表达",因为它外显,但孩子的表达有质量吗?如果他惯于表达自己的想法,不去提高融合他人见解的能力,这种口若悬河的表达就并非有质量的表达。所以,我们要把视线放在孩子是否在"听"这件事情上,比如多让孩子复述,这样你就会判断孩子"提取信息""整理信息"和"输出信息"的能力。我们都知道上课听讲的重要性,而培养孩子良好的倾听能力才是"讲"的基础。

2. 守时

时间观念的建立是让孩子越学越轻松的重要保证。"守时"教育包括:合理作息的遵守、自我的时间管理、单位时间的效率等。在孩子入学前的暑假,家长可以教孩子认钟表;同时安排多件事情,教孩子按"要事为先"的原则,并以此安排完成任务的顺序;建立从早晨起床到自己洗漱完成的时间概念;训练孩子整理书包、穿衣、准备学具等方面的能力。

3. 听指挥

孩子进入学校就是进入集体生活的开始,只有跟上集体的节奏才能保证不掉队。老师面对几十个学生,发布指令是最常见的组织形式,几乎每个班级都有"我行我素"的孩子,原本老师发布完指令,就该开始活动,但这些孩子"充耳不闻"，久而久之他们很容易游离于班级的边缘。而这些孩子的表现不会只发生在学校，在家庭中也会如此，所以培养孩子"听到马上做"的能力，对孩子适应未来的集体生活，适应课堂教学是非常必要的。

第二，帮助孩子做好心理准备

1. 告诉孩子上学的目的，激发孩子的学习兴趣

有些家长会这样对孩子说："学校有好多小朋友，你去了就能和他们一块儿玩。"这样说其实给了孩子一个不好的暗示，在他们的头脑中存下了游戏的想法。正确做法是明确地告诉孩子："上学是学知识、学做人的，从今天开始，你就不是普通的孩子了，而是一名学生。"

2. 在孩子心中树立"好学生"的概念

家长要告诉孩子听老师的话、关心同学、遵守纪律、热爱劳动等。在讲解过程中，最好举一些实例，让孩子有切实的感受，可以以邻居家的小姐姐为榜样，让孩子有意识地去观察小姐姐的一举一动，使孩子明白什么叫懂礼貌、爱学习、守纪律。

3. 教给孩子一些与他人交往的方法

比如：如何主动跟别人打招呼；了解一下哪个同学和

自己住得比较近，可以邀请他在上下学时与自己一起走；遇到困难要多向老师请教；等等。

这里需要特别强调的是，与别人相处的过程中肯定会有矛盾，所以家长要告诉孩子：你既不能去欺负别人，又要学会保护自己。有些家长在教育孩子的时候会说："谁打你，你就打他！"其实，这种方法不仅无助于解决矛盾，还会激化矛盾。孩子年龄小，磕磕碰碰是难免的，只要不是故意的，都是可以原谅的。如果孩子不小心磕碰到其他同学，家长要教他马上道歉，以免产生更大的误会。

第三，培养孩子的行为习惯和生活习惯

孩子上学后会独立面对很多的人和事，如果处理不好，会带来很大压力，所以家长要尽早对孩子进行行为习惯的培养。另外，由于上学后的生活会发生很大变化，培养孩子良好的生活习惯也有助于孩子尽快适应学校的各种要求。

1. 重视文明礼貌教育

我们经常夸奖孩子懂事，其实是在说这样的孩子懂文明、讲礼貌。从上学的第一天起，家长就应该教育孩子尊敬老师、团结同学，不要把一些不良习惯——随便乱扔纸屑、坐姿不端正、任意打断别人的谈话等一些坏习惯带到学校。

2. 自己的事情自己做

让孩子恰当地做一些简单的家务劳动，比如扫地、擦桌椅、收拾书桌等，这些家务劳动也是要在学校经常做的，孩子在家里做得熟练了，在学校就会做得轻松一些。

3. 调整作息时间

很多家长都会有这样的感觉：自从孩子上学后，时间似乎越来越不够用了。所以，上学前一周，家长要有意识地帮助孩子调整好作息时间。上学后，尽量让孩子的生活简单而规律。

总之，希望新一年级家长，把更多的精力和目光投入孩子行为习惯的培养上，不要纠缠于知识积累带来的焦虑情绪中，当你不急不躁地在日常生活中陪伴孩子时，收获的将是你与孩子共同的成长。

幼小衔接的关键词——适应

妙妙是家里两代人的掌中宝，娇宠有加让她缺乏自理能力。上学没多久，妈妈就发现妙妙变得不快乐——每天神情沮丧地走出校门,一问就说因为收拾书包慢,座位垃圾多挨了老师批评;丢三落四,总是丢东西,跟不上教学进度,放学后常常被留下来补作业,妙妙爷爷还因此与班主任发生了冲突。现在,妙妙每天上学都给全家人带来很大的心理负担,原本蹦蹦跳跳的妙妙也开始唉声叹气。

相信很多刚上一年级孩子的家长都能从妙妙的烦恼中找到熟悉的"影子"。幼小衔接其实不仅是孩子的事,也是很多家长需要面对的问题,如何走好小学的第一步,"妙妙的烦恼"可以引发我们三个方面的思考:

第一,自理能力是孩子在校生活的硬实力

孩子上学前,很多家长十分重视知识上的储备,识字、拼音、计算、英语等"军备竞赛"如火如荼,甚至越来越低龄化,有的孩子甚至从幼儿园小班开始就上培训班,搞得家长焦虑不已。而与之相反的是对孩子生活自理能力的培养,家长在这方面似乎没有那么"较劲"。究其原因是:有些家长认为这些方面的能力在孩子长大后自然就有了,有些家长没有意识到自理能力培养的重要性,有些家长没有精力和耐

心教孩子，等等。此外，还有部分原因是，自理能力的训练不像文化知识方面的学习那样有明确的标准，家长往往没有清晰的概念，不知道应该让自己的孩子达到什么程度。

所以，上学后就会有一个现象：在同一个班里，比学习能力更明显的是自理能力的差距，对于低年级的学生而言，自理能力的差距则直接反映到学习的效果上。妙妙的例子就是一个典型：因为丢三落四，要在课堂上做练习时找不到需要的文具；当同学们开始下一项学习内容时，她还没结束上一项的学习任务。正因为跟不上班级节奏，也就很容易完不成学习任务，这一切又会对她的学习热情和自信心造成负面影响。

当然，刚开始的手忙脚乱并不意味着"输在起跑线上"，家长只要重视并及时对孩子进行指导和训练，相信情况会发生改变。我在这里提几条建议供家长参考：

1. 家长不够重视这个问题

家长要意识到自理能力差不是孩子的错，可能是家长没有重视这个问题。不要批评甚至迁怒孩子，要心平气和地与孩子一起面对问题。孩子年龄小，没有经验，很多事需要家长手把手地教他们，同时要及时给予孩子鼓励与肯定，才能让孩子不断地有动力克服困难。

以妙妙为例，首先，从训练她收拾书包做起，可以把这个过程设计成一个有趣的游戏。让妙妙想象书包的每个口袋都是不同的房间,然后让她安排每个"房间"里应该住哪些学具"小朋友",家长可以在肯定她想法好的同时再提出相应的建议。其次,要想解决妙妙丢三落四的毛病,就得让妙妙在生活中养成随时随处"物归原处"的良好习惯。当然家长要为孩子做好示范,让孩子体会有条不紊会令生活更方便、更轻松的感受。在这个过程中,家长要理解:孩子一时达不到要求是正常的,即使出现反复也是正常的。

2. 自己的事情自己做

只有让孩子自己收拾书包,他才知道东西放在了哪;只有让他自己削铅笔,他才知道应该保护笔头;只有让他自己整理书桌,他才懂得什么叫整洁。有时家长看到孩子做得慢,做得糙,心里一着急就会上手帮着做,其实凡事都有个过程,所谓熟能生巧。

3. 了解要求,提前准备

及时了解学校的各项要求,比如学具的准备、作息时间的安排等,这样可以提前有所准备,避免手忙脚乱。

第二,理性看待幼小衔接的适应

仿佛前一天还是幼儿园的小朋友,但第二天就懵懵懂懂地变成了小学生。陌生的环境、陌生的同伴，更主要的是陌生的"每一天"，对妙妙这样的小朋友来说既稀奇又有压力。小学和幼儿园在对孩子教育的方式、目的和要求等方面有很大不同，"适应"是摆在每一个孩子面前的问题。表2是我对一年级新生进行的两次访谈。

表2 一年级新生访谈对比

一年级小学生上学第二周：你遇到的困难是什么？	一年级小学生上学一个月后：你觉得自己的进步是什么？
• "0"我总写不漂亮。 • 我写字很难看，我想写好字是很难的一件事。 • 我的同桌认识300个字呢！ • 有时老师的话，我听不太明白。 • 课太多了，我都上不过来了，幼儿园里很少上课，我想可能慢慢就好了。 • 没有时间，我的钢琴作业太多了，我只能晚上看书了。 • 有些问题我特别希望老师叫我回答，可是总让别的同学抢走了。	• 我写字不好，我就按老师说的田字本要求和写字姿势去做，我写了很多，再和前面的比，就发现自己写好了。 • 我的字总写不好，我就仔细看书上的字怎么写。 • 我以前胆小不敢举手，我就对自己说："我要加油，加油！" • 美术课我举手想发言，老师没叫我，我就听别人是怎么说的。 • 我一直有信心能得"一级棒"印章，虽然到现在还没有得到，我还有信心，一直努力！ • 英语的句子我总说不好，我就回家告诉爸爸，爸爸和我一起练，我就会了。

从表2可以看出孩子是在慢慢适应学校生活的，尽管他们遇到了这样那样的困难，但是他们都在观察、思考和尝

试,并积极地寻求办法……孩子的能力有时是超乎我们想象的,这是源自内心的原动力。

孩子适应能力的提升不仅来自他们自身的努力,也来自老师的引导,比如刚上学的孩子不能适应课堂学习,不知道除了要听老师讲课还要听同学发言,但是随着老师在课堂上不断地强调、引导、比较同学的发言,孩子们也渐渐明白了听讲的要点。

除此之外,孩子的适应能力也与家长密不可分。相信大家都能理解,每个孩子是有差异的,适应能力也同样是有差异的,所以与其焦虑不安,家长不如把更多的心力用于发现孩子更多的可能,鼓励他们的进步,助力他们解难。我们可以在一旁更多地充当啦啦队和参谋的角色,也可以参照其他孩子的表现,但不要比较不同,给孩子足够的耐心去适应。

好的教育背后一定有一个好的信任关系。妙妙的案例除了反映孩子自理能力的训练不足和入学适应能力欠缺的问题外,还涉及家校合作的问题。当妙妙爷爷与老师之间产生冲突后,妙妙妈妈的担心也是可以理解的,但是这种担心很容易产生对老师的不信任,比如当老师批评妙妙上课与同学说话没有听讲时,妈妈会认为这是当众让孩子难堪,所以第二天就找到老师说今后不要在全班同学面前批评孩子,结果当妙妙之后不听讲时,老师就不再提醒。这就很容易进入一个"怪圈"中:妙妙上课不听讲—老师批评—家长认为这是针对,对老师表示不信任—老师丧失对妙妙的教育热情—妙妙上课更不听讲了。

曾经有不少家长希望遇到妙妙这种情况时,老师可以在上课时暗示孩子或者在下课后跟孩子单独说,但一个班里有几十个学生,老师很难操作"暗示",或者下课后再单独谈话的,这往往导致错过了对孩子教育的最佳时机。

其实解开这个怪圈的方法就是老师和家长之间建立信任关系。当然在妙妙的案例中,我们也能看到老师的不当之处。比如,对于妙妙的情况,老师没有及时与家长沟通并给予专业指导;留妙妙补作业要与家长说明情况;要给予妙妙更多的鼓励与帮助;当家长误会时,要能换位思考,心平气和地解释;等等。作为教师要用自身的专业与敬业赢得家长的信任,这是家校沟通的基础。再从妙妙妈妈的角度看,信任老师不仅有利于老师的教育,而且可以减少不必要的焦虑情绪。当然,老师不是神,会有缺点和不足,会有情绪和好恶,其实绝大部分老师是希望把工作做好的,所以对于意见和建议都是愿意接受的。老师和家长是合作关系,双方目标一致才能达成最好的教育结果。好的教育背后一定有一个好的信任关系，而在这个关系中是有学生、家长和老师的。

妙妙是个刚刚上学的小学生，她的学习生活才刚刚展开，有万千种可能等待着她。她现在遇到的、经历的困难都是暂时的或可以改变的。孩子在不停地成长，妙妙的烦恼也不总会如此。相信在老师和家人的教育与帮助下，当她的自理能力提高，慢慢适应了学校生活时，那个蹦蹦跳跳的妙妙又会回来了。

入学后的两次生病高峰

有这样一个现象：一年级的学生入学后会出现两次生病高峰，第一次是在入学后的一两个月，第二次是在期末的时候。这是为什么呢？

从心理方面分析，主要是压力造成的。上学前，孩子以游戏为主，可以说没有任何压力，但上学后，社会角色转换的巨大压力使他们一时难以适应，来自各方面的期望、要求更使他们不知所措。比如，老师给作业做得好、遵守纪律的学生发小红花，或者班级举行评比竞赛活动等，会使孩子刚一上学就进入竞争状态，他们的身心不能完全适应。有的孩子看到别的同学得小红花，自己得不到就着急，甚至晚上睡不好觉，做梦还喊"我要小红花，我要小红花"。孩子没有调节情绪的经验，很容易着急上火，这么大的内火，再加上适逢季节交替、冷热不均，就容易生病，比如口腔溃疡、大便干燥、高烧不退，甚至引发各种炎症。

期末生病的原因也是如此。一学期辛苦的学习会使孩子的身体抵抗力下降。另外，由于正赶上冬季，教室开窗换气的时间比较短，几十个孩子在一个教室里，很容易传染病毒。

那么，家长该怎样帮助孩子渡过难关呢？

第一，了解学校要求，洞悉孩子情况

了解学校的要求及孩子在学校的情况，减少失误。我听说过一个女孩，刚上学一个月就死活不肯去了。问她为什么，她说："因为带不齐学习用具，总挨老师批评。"其实，只要家长多关心一下孩子的情况，类似的事情是完全可以避免的。对于家长来说，像班里举办什么比赛、学校最近有什么活动……这些信息对帮助孩子顺利度过适应期是有很大帮助的。

第二，保持理智的态度

玲玲今年上一年级，开学后一两个月还可以，但随着知识教育的全面展开，玲玲感到有些吃力了：今天是语文听写一塌糊涂，明天是图画作业当堂完不成，后天是数学口算不过关……眼看着女儿愁眉苦脸的样子，玲玲的爸爸十分心疼。这样的家长，显然没有认识到压力对孩子的影响。孩子步入校门，要独立地面对很多人和事，但刚开始单独面对，没有经验，受点挫折是在所难免的，如果家长不能很好地处理这种压力，那还指望孩子怎么做呢？

第三，调节孩子的心情

我们身边有不少这样的家庭：上学前孩子和父母的关系很融洽，但上学后感情就淡漠了，孩子有很多话都不愿意跟父母说。其中重要的原因就在于孩子和父母之间出现了学习压力，慈爱的父母逐渐变成了严厉的督学者，学习变成了孩子生活的全部。家长要减轻孩子的心理压力，就要从调节生活入手。假日郊游、看电影、放风筝等家庭活动不但能增进家人之间的感情，还能帮助孩子保持好心情，有张有弛，孩子才能精神饱满地再次投入学习中去。

第四，注意观察，合理安排膳食

只要家长留心观察，就会发现孩子的身心变化。如果发现孩子的心理压力太大，就要想办法缓解，鼓励他战胜困难，帮助他建立自信。另外，在容易生病的这两个阶段，家长要让孩子多饮水、多吃蔬菜和水果，并加强锻炼。

转学是新的开始

转学对孩子来说是件大事情，他们将要到一个陌生的环境，重新结交朋友，重新适应周围的环境，这些对他们来说都是比较困难的，所以大部分孩子对转学除了有新奇的感觉外，还伴有恐惧的心理。当然，转学也有好的一面，比如很多孩子都会有因做傻事而后悔的时候，总想："要是重来一次，我绝不这样。"转学正是实现这种愿望的大好机会，因为在新环境中，谁也不知道孩子以前的表现，所以只要从头开始努力，完全可以得到别人的称赞。对于基础稍差的孩子来说，可以借转学的机会重新塑造自己的形象；如果是一个优秀的孩子，更可以借这个机会充分发挥自己的优势。

顺利转学，能帮孩子树立自信心。在这么重要的过程中，家长应该做些什么呢？

第一，要对新学校有一定的了解

比如校风校纪、教学质量、学生的基本来源等，对这些信息有所了解，有利于今后正确地引导孩子。如果孩子要转到一所优秀的学校，家长可以告诉孩子这所学校的教学成绩，如果有可能，最好带孩子到学校荣誉室看一看，这样能培养孩子的自豪感，让他以上这样的学校为荣，督促他努力上进、积极进取。

除此之外，了解学校的办学特色也对培养孩子的特长有帮助。比如，有位家长了解到新学校的铜管乐队比较有名，而自己的孩子又对音乐感兴趣，所以转学后，这位家长很快与音乐老师取得了联系，为孩子争取到了入队资格。孩子加入乐队后，心里很高兴，转学带来的不安感也随之消失。

第二，预估孩子可能遇到的困难

重视转学后的第一个星期，对孩子可能遇到的困难有所准备。转学后的第一个星期，孩子会遇到很多个"第一次"：第一次上课，第一次完成作业，交第一个朋友，为班集体做第一件事……这些对孩子今后的学习和生活都很重要,毕竟"好的开始是成功的一半",加上孩子作为转学生的身份,很容易成为同学注意的中心和老师重点观察的对象。所以第一天到新学校上学,家长不仅要帮助孩子带齐学习用品,还要嘱咐孩子注意事项。比如对老师有礼貌,回答同学的问题要自然大方,抄好课表,记好作息时间,听清老师对作业的要求,以及班级的一些日常规定等。另外,家长还要了解学校的环境,比如各种设施的位置、活动场地的要求等。

第三,帮助孩子克服恐惧心理

孩子的恐惧很大一部分是因为陌生的环境,家长可以想一想班里有没有认识的孩子,事先交往可以很大程度地缓解孩子的紧张心情。如果没有,可以告诉孩子先和坐在附近的同学交往。这样,当孩子遇到问题时,能够很快寻求到帮助。

另外,孩子每天放学回家,家长要鼓励他多讲讲学校的事,比如今天记住了几个同学的名字,和谁说了什么话等,要让孩子感觉到与别人交往并不困难,同学们都很友好。

除此之外,还要鼓励孩子尽量适应环境,尽快融入新的集体当中。孩子刚转学,肯定对原来的学校、同学十分怀念，这个时候，家长应引导他多为新集体做贡献。比如有个孩子，转学后正巧遇上学校举行"爱科学"展览，其实他在这方面并不擅长，家长却十分重视，帮他找来各种材料，指导他制作了一架飞机模型，结果这个作品在展览中获了奖，同学们立刻对他刮目相看。随后，他又积极参加班里的环保活动，收集了很多旧报纸、易拉罐，最后被评为"环保小标兵"。

第四，特别关注孩子的学习情况

新环境很可能会影响到孩子的学习成绩，有的孩子会对自己的学习能力产生怀疑，造成心理压力。也有相反的情况，一些孩子刚转学时特别努力，唯恐被别人看不起，可过了两三个月就松懈了，学习成绩自然也下降了。

总的来说，在孩子转学后的两个月内，家长最好经常与老师保持联系。一方面询问孩子在校的表现，比较一下转学前后老师的评价有什么不同；另一方面可以更进一步了解学校的各项要求及班级管理制度，以便帮助孩子尽快度过适应期。

挫折教育就是教孩子如何面对生活

新学期开始，一年级的小学生在父母的带领下来到学校，开始了他们的学校生活。在学校里，孩子不仅要学习各种知识，掌握各种技能，也将逐渐由一个自然人转化为社会人。

每个孩子出生时都只是个自然体，随着年龄的增长，他们身上会留下越来越多的社会印记，像讲礼貌、爱清洁等。直到进入学生时期，孩子才开始真正接受系统的社会化教育，比如学校强调纪律性和道德培养，这是对儿童社会化的基本要求。

当孩子成为小学生时，他的角色就发生了质的变化。家长要认清孩子所扮演的角色——他不再是随意放任的孩子，而是一名学生；不能再有游戏的心理，而要逐渐学会承受压力、承担责任。这是必然的发展，是父母不能代替的。

孩子上学后，小到上课时的某些纪律要求、写作业得一朵小红花，大到期末考试、班干部评选……都会给孩子带来各种各样的挑战，如果挑战失败了，就是挫折。在挫折面前，因为没有社会经验，孩子的自尊心、自信心、意志力都会受到严峻的考验，肯定会不知所措，这时就需要家长的必要指导。可是，家长该怎样指导孩子面对挫折呢？还要具体问题具体分析。

我们不妨先来看看以下三种类型的家长。

第一种：冷淡型家长

在这类家长的眼里，没有什么大不了的事。当孩子遇到挫折时，他们往往采取敷衍了事的态度。比如，孩子第一次做作业没有得到小红花，垂头丧气地回到家里。爸爸知道后，轻描淡写地说："没什么大不了的，我给你做一朵就行了。"其实，这位爸爸放弃了一次很好的教育机会，甚至有可能给孩子造成了不良影响。在这种态度下教育出来的孩子，也会渐渐对一切都无所谓，在挫折面前采取消极的态度，很容易失去干劲儿和进取心。

第二种：保护型家长

保护型的家长，只要孩子在学校出了问题，他们会马上找到老师承认错误，对责任大包大揽。他们在生活上也许不娇惯孩子，在孩子的思想上却是娇惯的。他们尽可能地为孩子铺平道路，当孩子遇到挫折时，他们想的不是如何教孩子从挫折中吸取教训，而是千方百计地替孩子减少责任。这样的家长是可怜又可悲的，当孩子长大到他们的翅膀已经不能再为孩子遮风挡雨的时候，当孩子必须独自面对更大挫折的时候，他们才会发现，他们应当给孩子的一切却还没准备好。

第三种：理智型家长

当孩子面对挫折时，这一类家长所采取的态度是最可取的。举个例子，芳芳从一年级开始就是班里的小班干部，可是在五年级班干部改选时，她却出人意料地落选了。芳芳哭着跑回了家，妈妈知道情况后，觉得这是一次教育孩子的好机会。晚饭后，妈妈跟芳芳进行了一次长谈，她问了芳芳四个问题：

"究竟发生了什么事？"

"你为什么哭？"

"你知道自己为什么会落选吗？"

"今后打算怎么办？"

经过一番语重心长的谈话，芳芳找到了落选的原因：自己一直当班干部，变得骄傲了，不能平等地对待同学，失去了大家的信任。最后，妈妈和芳芳一起讨论怎样改掉这个毛病，重新赢得同学的拥护。在妈妈的帮助下，芳芳果然在第二学期的选举中重新当上了班干部。

当孩子面对挫折时，家长一定要理智，先弄清楚出了什么问题，再分析造成挫折的原因，是主观的还是客观的，然后和孩子一起讨论战胜挫折的办法，要给孩子勇气，让他进家门时垂头丧气，离开家时满怀信心。

随着孩子年龄的增长，家长要逐渐培养他对挫折有一个正确的认识：世界上一切事物的发展都不是一帆风顺的。古今中外，每个有成就的人都是在克服重重困难、战胜无数挫折后成功的。俗话说，失败是成功之母。要在失败中找出原因，吸取教训，把每一次失败当成通向胜利的阶梯。就像优秀的体操运动员，成功的动作背后是无数次的摔倒，也正是从这无数次的失败当中，他们找到了最好的方法，练就了最稳定的技术。

03

学会交往是件大事

家长A：谁打你，你就打他！我的孩子可不能受欺负！

家长B：孩子才多大呀，就学会跟女同学发暧昧短信了。打不得，也说不得，该怎么办？

家长C：孩子对人太挑剔，只看到别人的缺点，看不到别人的优点。

家长D：今天不跟这个玩了，明天不跟那个玩了，孩子都是香三臭四的。

家长E：我只让孩子跟学习好的同学交朋友。

> **李老师感言**

　　孩子上学后，大部分家长都把目光盯在孩子的学习上。其实对于孩子来说，同学之间的交往也是他们每天都要面对的问题。我曾经对一年级学生进行过调查，发现他们入学后39.2%的压力来自学习，31.3%的压力来自同学交往。也就是说，在家长如此看中学习的情况下，孩子的交往压力和学习压力相差无几。这或许是家长没有想到的。

　　孩子来到学校，坐在教室里上课是学习，和小伙伴们一起游戏、生活也是一种学习，这种学习的方式就是交往。令人担忧的是，有一些家长要么忽视交往教育的重要性，要么处处站在自己孩子的立场上考虑问题，给孩子的成长帮了倒忙。

"谁找"与"找谁"

我对苏晨这个孩子印象很深刻。这么多年过去了，我还记得二年级时的他，一边在讲台前蹦，一边高声喊："我没有朋友！"我当时心里挺难受的，觉得这是个"大"问题，就和他的家长交流了这件事。他妈妈说："我们也发现这个问题了，一开始他总是和一些淘气的孩子一起打闹，我们觉得这对他影响不好，就不让他和那些小朋友玩了。可是，其他的孩子好像又不喜欢和他玩，也难怪，我们家晨晨老不跟人家好好玩，比如大家玩'瞎子摸人'，他总偷看，所以，别的小朋友就不带他玩了。"

第二天，苏晨高高兴兴地来上学了，课间的时候我问他："今天是不是想找朋友呀？"他胸有成竹地说："我妈让我和班里学习最好的同学一起玩。"说完，他跑到了强强的座位旁边。强强是个十分安静的男孩子，学习成绩非常好，此时强强正拿着一本书在看，苏晨在他旁边又蹦又跳，可强强依然旁若无人地继续看书，第一个课间就这样过去了。第二个课间，苏晨依然跑到强强跟前说："咱们一起出去玩吧！"强强拿起书摇了摇头，苏晨很无趣，手在强强的课桌上摩挲了一会儿，最后实在没有希望了，就索性跑出教室，我向窗外望去，只见苏晨又和那些"打闹"的朋友滚到了一起，是那样的兴奋。

这个例子之所以给我如此深的印象，是因为一说到孩子的交往我就会想起这件事。孩子找朋友时，不同年龄阶段会有不同的需要和困惑，概括地看就是"谁找"和"找谁"的问题。

如果你问孩子们，你想和什么样的人交朋友，十个得有八个说："我妈妈说得和学习好的孩子交朋友。"我们都懂"近朱者赤"的道理，虽然学习好的孩子也不是个个优秀，但家长总觉得会比调皮捣蛋的强,当然,最好的是"谈笑有鸿儒,往来无白丁"。

当我们大人有了这么多"美好的愿望"时,难免会指手画脚。一个六年级的女生把她写的日记拿给我看,在日记中她说越来越讨厌自己最要好的朋友。原来,以前她是一个特别活泼的女孩子,总喜欢和男孩子一起玩,结果在一次打闹的时候不小心用树枝把一个男孩子的头划破了,当时给她吓得够呛,她父母也很严厉地惩罚了她,让她不许再和男孩子一起玩了,还要求她只能和班里的某个学习较好的同学玩,虽然她和这个学习好的同学成了好朋友,但随着年龄的增长,她慢慢发现她的这个好朋友不但心眼小,还很霸道,不允许她和别的同学玩,如果她和别的同学在一起玩,这个同学就会马上联合其他同学孤立她。所以她很矛盾,跟这个朋友在一起不快乐,又因为长时间陷在这个小团体里,害怕自己一旦离开就会被孤立。后来,她的父母了解了这个情况,才意识到其中的问题,她的父亲深有感触地说:"我们只想让她在别人的阳光里取暖,却忘了告诉她,其实她自己也是一个太阳。"

孩子找朋友,要经历一个比较长的探索和学习过程,在"斗争"中成长,在"吵闹"中寻找,从低年级的"玩伴",

到中年级友情的"善变",再到高年级的"志同道合",是谁在找?是孩子!每一次"聚"和"散"都是一次筛选,都是他们积累交往经验的机会,这是家长不能代替的。那么,是不是意味着孩子与谁交往,家长就因此不闻不问了呢?那倒也不是,这就回到了"找谁"的问题上。

  一年级的虎子今天第一个到学校,他在班门口看见铭铭来了,热情地扑了过去。铭铭也很兴奋,两个人扭抱在一起,高高兴兴地进班了;过了一会儿,虎子又站在门口,看见琴琴也来了,他依然热情地扑了过去,结果琴琴哭着找到老师,说虎子无缘无故欺负她。

这是一个在学校里经常能够遇到的例子,尤其是孩子越小,越容易发生,这说明什么?说明孩子没有找准交往的对象,还说明我们应该告诉孩子:要用别人喜欢的方式和别人交往。都说孩子入学后出现了"伙伴危机",我觉得折射到校园里,就表现为孩子之间频繁的矛盾冲突,因为孩子的自我意识都很强烈,通常站在自己的利益角度看待问题,很难体会他人的感受。

其实,交朋友最简单的理由是"快乐",不是"我"的快乐,而是找到"谁"后"我们"共同的快乐。我觉得这才是家长应该教给孩子的。

同学关系处不好,老是受欺负

大鹏刚上一年级,三天两头哭着回家,说自己在学校里受同学欺负了。大鹏爸爸火冒三丈,对儿子说:"谁打你,你就打他。"结果呢,大鹏确实不怎么哭了,他尝到了挥舞拳头的"好处",打同学的次数也多了。再后来,大鹏的性格变得越来越暴躁,心胸也越来越狭窄。

大鹏爸爸怎么也不会想到,当自己教给儿子解决问题的方法时,其实也是在教他怎样做人。做家长的只是想保护孩子,结果却出乎意料,孩子逐渐把"谁打你,你就打他"发展成了"谁也不许侵犯我"!这种极度主观的想法,会让孩子认为老师正常的教育、同学善意的批评都是侵犯。这样的孩子很容易在班级中被边缘化,孩子自己也会越来越烦恼。

家长要想找到真正有效的解决方法,就得先追问原因,究竟是什么导致孩子与同学的关系不好。一般来讲，有以下几个原因。

第一，同学间的误会

孩子上学后，活动的空间、时间大大减少，所以奔跑、跳跃，甚至手舞足蹈都成了他的游戏。在这个过程中，同学之间免不了互相追跑、拍打，这很容易造成误会，导致双方互不相让，直到动手。比如，有一个孩子在往后退的时候，不小心踩了另一个同学的脚，同学就顺手推了他一下，踩人脚的孩子没有意识到自己踩了别人，觉得莫名其妙地被推了一下，心里很不高兴，也推了对方一下，结果两个人打成一团，还都振振有词。这是发生在校园中最常见的事情。家长可以仔细回忆一下，孩子是不是说过"玩着玩着，不知道为什么他就打了我一下"，或者"我根本没碰他，他偏说我打他了"之类的话？所以，家长要告诉孩子：玩游戏时，同学之间磕磕碰碰都是无意的，对同学要宽容；如果自己碰到了别人，应该及时道歉。

第二，孩子淘气

如果孩子比较淘气，又总是受欺负，那就应该多从自身找原因。有的孩子喜欢招惹别人，比如随便拿同学的东西，随便给同学起外号等，招致同学动手打他。同学打他自然不对，事情的起因却在自家孩子身上，所以，家长要教孩子严格要求自己，学会尊重同学，与同学团结友爱。另外，越是这样的孩子，家长越应该鼓励他多和不同类型的小朋友交往，因为在交往的过程中，孩子可以学到各种不同的交往方式。

第三，孩子弱小、内向有缺陷

比较弱小、内向，或者有缺陷的孩子更容易受欺负。这种类型的孩子自我保护意识差，与同龄孩子相比，能力上弱一些，反应也比较慢，所以受到伤害的可能性较大。对于这种情况，家长需要与老师取得联系，给予孩子适当的帮助。除此之外，家长还应该帮助孩子建立自信心，并教给孩子一些自我保护的方法。

> 有一天，妈妈无意间发现龙龙的书本上画了很多铅笔印，封面也撕破了，就生气地责备龙龙上课不好好听讲。龙龙先是低着头，一声不吭，到后来竟然伤心地哭了。原来，这些铅笔印是其他同学画的，因为龙龙长得很瘦小，性格比较内向，说话又有口音，在班里经常被

其他同学捉弄。

这天晚饭后,妈妈没有催着龙龙写作业,而是找出龙龙爸爸小时候的照片,对龙龙说:"你看,爸爸小时候个子也很矮,但他现在不也很高大吗?"在一旁的爸爸跟着说:"那时别看我个矮,但没有人欺负我。"

"是不是他们怕你?"龙龙好奇地问。

"不是怕我,而是我知道很多事情,学习还特棒。"

"哦,学习呀……"龙龙刚刚发亮的眼睛又黯淡了。

"别担心,好儿子,有我和妈妈帮你,你肯定没问题。"爸爸拍拍龙龙,信心满满地说。

我们可以从这个例子中看到家长帮助孩子树立自信心的过程。家长在帮助孩子的时候,要分析问题背后的深层原因。如果是生理性的、无法改变的,就得让孩子学会接受现实。比如,有个中国孩子到美国上学,她总觉得自己的黑头发不好看,特别羡慕其他同学的一头金发。其实,这不仅仅是头发颜色的问题,更深层的原因是孩子来到了一个陌生的环境,心里生出了自卑感。这时,家长应该告诉她:人长成什么样子是天生的,无法改变,但是我们可以靠知识、勇气改变自己的生活,得到别人的尊重。

总之，孩子受欺负时，家长要引导孩子客观地面对问题，先从自身找原因，再启发孩子遇到这类问题该怎么办。家长都不希望自己的孩子受欺负、受委屈，教给孩子正确处理问题的方法，才是保护孩子的关键。

男女生相处的学问

婷婷和小凯都是班干部，平时接触比较多，两个人都觉得在一起很开心，有很多共同的话题。但是渐渐地，班里有人说他俩"谈恋爱"，一开始俩人都没在意，不过到了六年级，这种情况愈演愈烈，甚至有几个男生跑到婷婷面前起哄，婷婷又气又羞，可越是这样那几个男生越兴奋，最后婷婷只得哭着找老师告状。老师虽然批评了这几个男生，但依然会有同学拿这件事跟婷婷开玩笑，搞得婷婷和小凯压力都很大，在班里不敢来往，总像自己做错了什么事一般，有说不出的别扭。

除了这件事，小凯还有一个烦恼，似乎自己在班里很不受女生欢迎，经常会有女生捉弄他。一次，竟然有个女生把他的椅子撤掉，让他狠狠地坐到地上，周围的女生都哈哈大笑。小凯又气又恼,回家就跟家长说了,第二天爸爸找到学校向老师反映。虽然老师批评了这个女生,但小凯明显感觉很多女生对他的敌意更大了。

进入小学高年级,孩子的身心发育十分迅猛,有的孩子一年就能长高十厘米,人的心理变化一定会伴随生理变化发生改变。随着理性思维的成长,孩子开始用新的眼光审视之前很多习以为常的事物,其中"交往"是最重要的"审视对象"。婷婷和小凯的案例就属于"交往"这个大主题下的"异性交往"问题。

低年级的小朋友在站队时会很自然地拉起别人的手,大概从三年级开始,他们越来越不好意思这么做了,与之同时出现的还有一个现象,就是在班里会有人传播"谁跟谁好了呀""谁跟谁谈恋爱了呀"等"流言蜚语",到了高年级这样的话题会越来越"明目张胆"。

一些老师和家长困惑于孩子之间的"流言蜚语",觉得这是班风问题,是品行问题,可换个角度想:如果很多班都有这个现象,是不是说明这是一个普遍现象?如果每一届学生到了这个时候都会有这种现象,是不是说明这是一个正常规律?那我们就要看看这是一个什么样的"规律"。

03 学会交往是件大事

生命的神奇是令人惊叹的，我们的身体里仿佛有很多个"闹钟"，到了哪个时刻，相应的"闹钟"就会响起，我们的生理、心理的某一部分就会被唤醒，这是自然规律。孩子在八九岁的时候（因为每个孩子有差异，所以本文中涉及的年龄和年级只是一个大概取值），他们身体中的一个"闹钟"响了，告诉他们要开始进入一个新的时期——疏远期。这个时期孩子们的性别意识迅速发展，他们开始清晰地界定自己的性别，外界对性别的不同要求也很容易被他们接受，男生和女生清晰地分成了两大阵营，"两小无猜"的关系在这时瓦解了。

那么，疏远期出现的意义是什么呢？在这个时期，男生与女生在各自的阵营中与同性伙伴建立更密切的关系，这更有助于他们加深对于性别的认知，了解同性伙伴的评价与行为标准，更易于在同性伙伴中感受交往的愉快与认可。疏远期一般要持续到十三四岁，然后生命的"闹钟"又会响起，提醒孩子们进入下一个时期——亲密期。

这里提到疏远期，和上述案例有什么关系呢？当然有，而且密切相关。虽然处于疏远期的男女生各自进入自己的阵营，但是他们对于对方阵营既充满好奇又不知所措。这时，如果有一对男女生接触频繁，其他人就会表现出很大的好奇与兴奋，甚至妒忌，他们不知该如何定义这种关系，那就从成人的世界中拿来一个概念，管它叫"谈恋爱"吧。因为这个时候的孩子对性别有了初步了解，当被别人说"谈恋爱"时，他们会表现得羞涩、窘迫和无所适从，而这种表现又会刺激其他人，使得他们更好奇与兴奋。

介绍疏远期的知识，是希望老师和家长能真正读懂孩子，不要简单地给他们贴上道德标签。我们经常说教育孩子要"疏"不要"堵"，所谓因势利导，就是知道事情的真相，尊重孩子们的成长规律，顺势而为。比如婷婷和小凯的老师可以在班里创造更多男女生交往的机会，更多地让男女生开展小组合作，学习对方的长处，创造和谐的交往氛围。还可以在班里开展"最受欢迎男（女）生"活动，让男生选最受欢迎的女生，女生选最受欢迎的男生，通过活动让孩子了解来自异性的审美和评价。当然，对于班里喜欢"八卦"其他同学的孩子一定要进行教育，可以通过班会教育他们端正对待同学的态度，不能为了满足自己的好奇与兴趣为难他人，影响同学关系，引导他们看到男女生合作带来的优势与成果。

站在家长的角度来看，如果你的孩子有和婷婷或小凯类似的遭遇，你首先要拿出信任的态度，揭示发生的原因，然后结合孩子的特点讨论一些可行的办法。这里是一个孩子写的作文——

  那是一个灰蒙蒙的下午,我们刚上完科学课,回班的路上,几个男生在喋喋不休地谈论三班的大队委,他们说到这儿,便把八卦的目光抛向女生X。X一脸不屑地把脸扭开,可几个男生似乎得寸进尺,一直在拿X当笑话,X却像活在另一个空间里一样心无旁骛。回到班里,几个男生再一次打算触及X的底线,悄悄地来到她附近,我心想:这帮坏小子要干什么?真是的!这些男生像一群发现食物的蚂蚁,蜂拥而来,围着目标团团转。X忍无可忍,生气地对男生们吼:"好,你们把他叫来!"男生们被她火山爆发似的气势惊住了,像傻了似的站在原地,呆呆地看着X走开。我在心中默默赞叹:要是我们班再多几个像她一样泼辣勇敢的女孩该多好,就不会有这么多无聊的八卦了。

  这件事让我学到为人处世的方法,面对不同的问题和不同的人,要随机应变。比如,X遇到的那些无聊的男生。如果他们知道适可而止,那么无视对方就可以,谁知他们不知进退,那么大声表明自己的态度,就能拒绝伤害。

通过这篇习作，我们看到在解决这类问题时，孩子是有自己总结的有效对策的。家长既可以帮助他们"借招拆招"，也可以鼓励孩子提出适合自己的办法。

在上述例子中，小凯还有一个烦恼就是被女生欺负了。这让我想起在网上看到的一个视频：在学校的操场上，一个男生狼狈地"逃窜"，后面一个女生左手拎着簸箕，右手举着笤帚追打。众多网友在下面留言，说得最多的话是："看到了我当年的模样。"发出感慨的既有当年"逃"的，也有当年"追"的，为什么这么多人会发出相同的感慨？因为这就是"当年的模样"——刚刚进入青春期时少男少女的模样。

我们都知道女孩子会比男孩子发育得早一些，在小学高年级这种情况表现得更加明显。之前我们说道：生理的变化一定会带来心理的变化。这种变化会体现在男女生交往的方式上，比如一部分女孩子更喜欢和男生打闹了，她们更像是"女汉子"。为什么？这要分两种情况：第一种情况，有的女生喜欢某个男生时，希望能引起对方的注意，这种注意建立在"你只要有反应就好"，她们是不考虑对方感受的，比如撤掉小凯椅子的女生，其实应该是喜欢他的，看到小凯摔倒也是真的开心，但她并不觉得自己是恶意的；第二种情况，在进入青春期的女生眼里，那些还没有发育起来的男生更像是"小破孩儿",所以和他们交往的方式就是简单直接的。因此,对于这个时期的女孩,老师和家长要关注她们与异性伙伴交往时的行为方式,鼓励她们正确表达自己的想法,做到言行得体。

小学高年级的孩子渐渐步入青春期,他们想得多了,需求多了,随之而来的苦恼也就多了。同时,来自家长的要求高了,学习难度增加了,还要面临升学的压力……除此之外,生理、心理上的变化,交往模式的"升级",也给他们带来不少的苦恼。老师要从尊重、理解和包容三个方面多下功夫。因为这三点是孩子们奠定友谊的基石,也是这个时期交往发展的必修课。家长则首先要用辩证的、发展的眼光看待孩子的成长,要尽可能探究孩子行为改变的意义,如果出了问题,不要想当然,而要多与孩子交流沟通;其次,同样本着尊重、理解和包容的原则与孩子交往,这本身也是在做示范。

好的教育方式一定依托于好的信任关系。家长与其焦虑孩子在青春期的种种不是,不如把更多精力放在高质量的陪伴上。小学六年级是改善亲子关系的关键时期,这个说法是有一定道理的,因为进入中学后,同伴在孩子心中的地位开始慢慢超过父母,没有好的亲子关系保驾护航,是会有很多问题产生的。

当孩子们告别了两小无猜的懵懂时，他们的内心也更渴望获得有质量又稳定的交往伙伴，而这一切需要我们读懂他们的心，顺势而为，才能助力成长。

爱告状，专挑别人的错

琪琪有个挺有意思的外号，叫"小警犬"。为什么呢？原来他就像一只小警犬一样，小伙伴的任何错误都逃不过他的眼睛。"李童最淘气，总是乱跑乱跳，老师的批评也不听""陆路上课总不专心听讲"……开始，妈妈还挺高兴，觉得琪琪能看到别人的缺点，说明他很明是非。可时间一长就有点儿不对劲儿了：琪琪太挑剔了，他总是说别人的不对，却很少提及别人的优点。

小学老师都有这样的体会：中低年级的学生特别爱告状，尤其是一二年级的小学生。应该说，这是一个很平常的现象，对别人的缺点比较敏感、喜欢挑别人的错是很多孩子的共同特点，只是程度有所不同。如果家长发现孩子有这样的毛病，可以从以下几个方面找原因。

第一，规则是绝对的

比起幼儿园相对宽松的管理方式，小学的规则严格得多。刚入学的孩子正处于了解规则、学会遵守规则的适应期。但是这个年龄段的孩子还不能像大人一样灵活、全面地看待问题，于是规则在他们眼中就成了一件很绝对的事。哪怕是做了一件很小的有悖规则的事，在他们看来都是很严重的。也就是说，与大人比起来，这个年龄段的孩子"眼里容不得沙子"。

第二，错事更容易引起注意

其实，在这个问题上，大人也会有同样的感受。绝大多数时间里，我们做着正确的事，正是因为这些事是正确的、常态的，所以才容易被忽视。而那些不经常发生的错事，诸如违反了某项规则等，反而容易引起我们的注意。

第三，挑别人的错对自己有好处

一位老师告诉我，有的孩子指出别人的错误，主要是为了表明自己是个好孩子，希望因此得到表扬。这种孩子最明显的特点就是爱告状，有时候甚至不分场合。还有的孩子，当自己某件事做得不好的时候，会赶紧去挑其他伙伴的错误，目的是逃避老师或家长的处罚。

第四，家长就是挑剔的人

比如，欣欣一家三口只有在吃晚饭时才有时间聚在一起。爸爸妈妈聊天的内容离不开各自工作中的事：哪位领导对下属太严厉，哪个同事工作不认真，哪个办事员的态度太糟糕……相信许多家长对这些谈话内容都很熟悉，在外面紧张忙碌了一天，好不容易回到家，在家人面前发发牢骚也是正常的。可是别忘了，孩子正在旁边竖着小耳朵呢！由此可见，孩子爱挑别人的错，很多时候可能是受家长的影响。

那么，当孩子总把眼光放在别人的缺点上时，家长应该怎样引导呢？处理这个问题，对于家长来说确实具有一定的挑战性，因为我们既要让孩子知道对与错，明辨是与非，又必须让他学会全面、客观、整体地看待别人，这就要求在教育的过程中把握合适的"度"。

第一，和孩子一起讨论正确的做法

以琪琪妈妈为例，当再听到琪琪说"班里有几个捣蛋鬼课间总是在楼道里乱跑"时，妈妈不只做一个听众，还要问："那课间应该做些什么呢？""和同学聊好玩的事，想玩追人的时候去操场……"这种讨论方式会使孩子不再专注于挑别人的毛病,而是真正地懂得什么是正确的做法。

第二,对周围的人和事多做正面评价

家长要让孩子学会发现别人的优点,自己首先也应该宽容大度,对身边的人和事多做正面评价,客观看待别人的缺点,尤其是在孩子面前,不要总是对别人品头论足。

第三,不过分苛责孩子

有的家长追求"精益求精"的家庭教育,总是一味地批评孩子的缺点,这实际上就是对孩子过分苛责的表现。对待孩子,我们应该多表扬、多鼓励。

第四,教会孩子发现别人优点的具体技巧

孩子刚刚接触社会,与人交往的许多技巧都有待学习,其中也包括赞扬、认同别人的技巧。举个例子,在杨扬的班里有个规定,不论谁过生日,每个同学都要送他一份特殊的礼物——夸奖的话。杨扬生日那天,他站在讲台旁等待同学夸奖。开始,同学们都说他纪律好、学习好,老师告诉大家:"这种话干巴巴的,多没意思呀!这样吧,我们每人用

一件具体的事来说明杨扬的优点。""上次测验,全班就他一个得满分的。他学习多好呀!""他很愿意帮助别人。前两天我没带橡皮,他把自己的橡皮借给我用。"……这种做法可以让孩子学会通过具体的小事去发现别人的优点,学会感恩,学会夸奖,而被夸奖的人也会感到被认同、被别人赞扬是一件非常开心的事。

第五,对爱告状的孩子采取冷处理

对待想用挑别人的错来赢得好处的孩子,家长应该尽量冷处理,让他明白这种方式并不怎么有效。一位教师朋友告诉我,她对待在课上举手告状的学生,一般都会轻声地说一句:"现在是上课时间,下课再说好吗?"即使批评被告状的学生,她也会在私下里进行。一段时间以后,课上告状的现象渐渐没有了。

友情变化无常

很多孩子有过因为一件小事和好朋友闹翻的经历。每当跟家长聊起这个话题时,都会引起他们的共鸣:"没错,我家孩子整天为这样的小事苦恼。"究竟是什么原因使得孩子之间的友情变化无常呢?

第一,不和我玩就是背叛友情

亮亮和通通每天都在一起踢球。这天,亮亮下楼晚了一点,通通和邻楼的小捷正在比赛骑自行车。亮亮站在旁边等着,当他看到通通骑得正起劲儿,怎么也不肯停下来时,就生气了,冲着通通大喊:"我再也不和你玩了。"

在孩子眼里,好朋友应该时时刻刻站在一条战线上。如果和其他人在一起,把好朋友放在一边,那就是对友情的背叛。在我们大人眼里,这种思考方式过于绝对了,可这个年龄段的孩子,对友谊的要求比大人苛刻得多。

第二,我也要演主角

叶子和菲菲是同桌,平时两人的关系很好。这天语文课上,老师让同学们分角色朗读课文《美丽的公鸡》。叶子和菲菲都想扮演公鸡,谁也不让谁,结果朗读没读成不说,两个小伙伴还气呼呼地一连几天不说话。

一方面因为年龄小,孩子还不太善于站在别人的角度去考虑问题;另一方面,有的家长可能觉得这是孩子之间在闹着玩，自然不会和孩子去计较这些小事，但长此以往，孩子对其他人也很难谦让了。

第三，兴趣相投才快乐

一位小学一年级的老师问学生："你们喜欢和什么样的人做朋友？"一个小姑娘站起来回答："我妈妈说了，要和学习好的孩子做朋友。"相信这种愿望是大多数家长的心声。如果孩子本身就是个"小魔王"，这样的友谊对他来说则可能是一种负担。不信的话，家长可以到班上看一看，"淘气包"喜欢和"淘气包"凑一起，到操场上疯跑一通，甚至大喊几声，他们就高兴得不得了。这样的孩子，如果你硬让他去和一个喜欢安安静静坐着看书的朋友一起玩，两人会很容易产生分歧。其实大人都懂得一个道理——志趣相投的人在一起才快乐，家长又何必强迫孩子呢？

第四，朋友多了不好处

我住的大院里有很多六七岁的孩子，每到傍晚，他们就喜欢凑在一块儿玩耍。不过，矛盾很快就会出现：不是这个孩子不同意玩某个游戏，就是那个孩子嚷嚷着游戏规则不公平。反倒是两三个孩子在一起玩的时候，矛盾要少得多。

群体游戏往往对合作能力有很高的要求，而孩子们这方面的能力发展得还不够完善，因此他们似乎更愿意两三个小伙伴在一起，当越来越多的孩子加入进来时，有些孩子就会显得手足无措，甚至采取拒绝的态度。

第五，任何游戏都有规则

有的孩子不合群，主要原因在于不遵守游戏规则。比如程程经常向老师告状："他们不带我玩儿。"老师悄悄观察才发现，程程好像不太懂得遵守游戏规则，几个同学一起用沙子堆城堡，他觉得好玩，上去就把城堡踢得乱七八糟；伙伴们玩追人游戏，当程程眼看着要被小伙伴追上时，他不乐意了，转身就把追他的同学推倒了。

任何游戏都有特定的规则，不遵守规则的孩子很难和伙伴们和平共处，和伙伴之间的友情也要脆弱很多。

无论如何，友情对孩子是十分重要的，交到好朋友会使孩子的学校生活变得有趣很多。如果孩子正在为自己起起落落的友情苦恼，家长应该帮助孩子寻找一些应对策略。

第一，注意倾听

很多家长下班回到家，和孩子的谈话都是"作业做完了吗""今天学第几课了"之类的。其实，与其把时间花在这些地方，不如找机会听听孩子说话：今天在学校里遇到了什么问题，如何与朋友沟通的，等等。只有当孩子向家长诉说自己的苦恼时，家长才能提出有针对性的建议。

第二，理解孩子的感受

许多家长觉得孩子的友情都是今天打、明天好的，听到孩子的伤心事，常常硬生生地来一句："就这么点儿小事，有什么大不了的。"可实际上，对于孩子来说，和好朋友吵架是令人十分伤感的事情。记得我小时候，有一次和最要好的朋友吵架，好多天闷闷不乐，直到有一天，好朋友主动和我打招呼，我高兴得几乎扑到她身上。与大人相比，孩子的自我调节能力弱得多。因此，在孩子的情感世界里是无小事的。

第三，不要反应过度

和粗线条的家长相比，有一些家长又会走向另一个极端，习惯于把问题扩大化，甚至上升为大人之间的矛盾。德国著名漫画《父与子》里有这么一幅：两个孩子玩耍时打了起来，他们的爸爸先是互相指责，后来也动手打了起来，而此时两个孩子却已经和好，又在一起快乐地玩了起来。这幅漫画是在提示家长：孩子之间有矛盾是正常的，而且他们会在解决矛盾的过程中学习交往与适应，大人的干扰反而会使事情变得更复杂、更严重。如果大人不能做到冷静处理，那么孩子就会得到错误的信息，以后他再处理类似问题时，所选择的方法肯定也是不冷静、不合理的。因此，孩子的"小事"还是让孩子去化解吧！

第四，教孩子一些解决矛盾的技巧

其实，朋友之间出现分歧是件很平常的事，之所以会出现小题大做的情况，一方面是孩子还不善于调节自己的情绪，另一方面就是孩子缺乏解决矛盾的技巧。当矛盾发生时，可以教孩子直白地向朋友表达自己内心的真实感受，并让他告诉朋友："你不和我玩，我很伤心。"或者教孩子学会折中的办法，假如他的好朋友正跟其他小伙伴玩得起劲儿，不要让他把自己的好朋友拉走，而是让他对朋友提议："我最近学到了一种三个人一起玩的游戏，可有意思了。我们一起玩吧？"

做保护自己的超级英雄

又一次看到肖云垂头丧气地走进教室，而后面墨墨欢蹦乱跳地一边喊着"尚小云！尚小云！"，一边用手臂勾着肖云的肩膀。我本以为肖云会甩开墨墨，或者会大声质问，但他什么都没做，而是回到座位静静地喝水。我有些迷惑：前两天上音乐课，老师给同学们介绍京剧四大名旦，下课后就有同学开始管肖云叫"尚小云"，我观察肖云没有流露出特别的反感，心想孩子们就是两天新鲜劲，很快就过去了，没必要小题大做，何况"尚小云"也算是个名人。与此同时，班里的子尚也遇到了类似的问题，他很喜欢玩一款叫"祖玛"的游戏，结果慢慢地班里同学就开始管他叫"祖玛"，每次同学叫他，他都会答应，大家觉得挺好玩，就都这么叫他，有种习以为常的感觉。

今天我在判日记时，看到子尚这样写道："前几天好朋友小刘给我起了'祖玛'这个外号，我觉得挺有趣，原想就我们俩知道，他叫我就像对暗号一样，感觉也不错。谁知，他竟然当着全班同学的面叫我，结果大家都知道了，现在大家都叫我祖玛，我心里开始不舒服了,特别是几个关系不太好的同学也这么叫我,我总觉得他们在嘲笑我,我想制止,可是这么多人都在叫,我不知该怎么办,我也怕像小刘这样的好朋友生我的气……"

放学后,我留下了肖云和子尚,我问他们对于同学给他们起外号的感受,他俩不约而同地说:"不好!"肖云还进一步解释:"感觉自己被叫成了另外一个人,我都不是我自己了。"

我进一步问他们:"为什么不当面直接说出自己的感受?"

"没想过。"肖云说,"嗯,也不太敢,怕别人觉得我小心眼。"

子尚说:"'祖玛'游戏里有一只大青蛙,一开始小刘这么叫我,我心里就不太高兴,觉得像是在嘲笑我像那只青蛙,可是我又想朋友之间就是开玩笑,没什么大不了的,现在叫我的人越来越多,连外班的朋友也在叫,我就特别不舒服了。"

像肖云和子尚遇到的问题是很有代表性的,起外号这样看似不大的事情其实会给孩子们带来不小的困扰。但是如何处理,每个孩子会有不同的做法:有些孩子会求助大人,有些会勇敢地说"不",但更多孩子会不置可否……正好我手头上有一本来自美国青少年教育专家的专业指导用书《不要欺负我!》,讲的就是如何帮助孩子勇敢面对欺负和嘲笑。我翻到其中一个章节,它的题目是"是玩闹性的取笑还是欺负",我先让子尚大声朗读了下面的内容:"你要知道,每个人或多或少地被取笑过。一些取笑仅仅是玩闹性的,取笑者并没有想要对被取笑者造成伤害;另一些取笑却是刻薄而残忍的,这种取笑就是欺负。"

看着两个孩子若有所思的样子,我问他们:"你们觉得同学叫你们外号是玩闹还是欺负?"两个孩子都说是玩闹,那该如何面对呢?我又让肖云接着往下读:"如果你不喜欢这种玩笑,那么你应该做的第一件事就是说出来:'请不要这样取笑我了,我不喜欢这样。'不要大喊大叫,要保持礼貌。和你开玩笑的人可能从未意识到,你会因此而感到沮丧、难过,只要你把你的感受说出来,他会立即停止的。"

孩子在日常生活中最难做到的就是知行合一,他们懂得了这个道理,但不一定真的能界定和运用。所以,我让肖云和子尚一起做练习:回忆具体发生了什么事?真实的感受是什么？自己是如何应对的？对方是否停止了？下次你会怎么做？在这个过程中我还和他们一起讨论：如果事情上升到欺负的层面，如何做到"既要对欺负者进行反击，又不要把你的胆怯表露出来"。这对两个孩子来说是件困难的事情，我们就模拟可能发生的场景，然后对语言内容、语气和动作进行设计和练习。这在两个孩子看来更像是一场游戏，但在我看来是他们在学习如何勇敢地表达自己的真实意愿。

其实一说到"欺负"这个词，很多家长的心里都会一揪，对于个别家长来说这甚至是一种困扰，记得一位爸爸说："我觉得自己的主意也没比儿子高明到哪儿去。"这主要是因为我们面对的是孩子，成人世界的法则不能到这里生搬硬套。孩子需要进行"我"的概念训练，比如：体会"我"的感受，勇敢表达"我"的意愿，礼貌地拒绝等。要想自己"不受欺负"，先要让"我"强大起来。

每个家长都希望自己的孩子在一个快乐而健康的环境中成长，但冲突与矛盾又是客观存在的，我们教给孩子解决冲突的办法绝不该是"别人打你，你就打他！"，这不仅不利于解决矛盾，还会让自己的孩子变得敏感而粗暴。

与之相反，在班里有很多这样的孩子，他们总能善待他人，极少与他人产生矛盾，你见到最多的是他们的笑容，那是因为他们知道如何避免冲突，解决矛盾。知道如何避免冲突，解决矛盾是种智慧，这才是孩子保护自己最强大的武器，拥有这种智慧，孩子才能成为自己的超级英雄！

情感培养让孩子成为一个善良、真诚、宽容的人

孩子一走进学校，展现在他眼前的世界便一下子变得丰富多彩了。和上学前相比，认识的人多了，生活的内容丰富了，引起他情感变化的因素也增多了，比如参加各项校内外活动、平时的学习、阅读书籍等，这些都是引发情感的基础。

随着年龄的增长，孩子的情感也在发生着变化。以表扬为例，低年级的孩子仅把老师的表扬当成个人情绪的简单化体验；到了中年级，孩子对表扬的认识有所加深，他们往往把表扬和集体组织联系在一起；到了高年级，孩子对表扬的态度会更加深入，除了集体感不断加强，自我意识的萌发也使他们把表扬看成

一种人格上的肯定。这就是情感内容扩大的表现。

除了情感内容的扩大，孩子情感的深刻性也在不断发展。比如对一个同学的评价，低年级孩子往往以"喜欢""不喜欢"来划分，选班干部都选自己喜欢的，那些经常被老师表扬的同学，很容易受到大家的喜爱。到了高年级，孩子在某种程度上已经能够运用道德规范评价一个人了，这时候选班干部，他们主要从被选之人对待工作、学习的态度上进行判断。

与此同时，情感的稳定性也加强了。孩子开始学习克制自己的情感，由原来的外放型逐渐变得内敛。比如课间的时候，低年级的学生喜欢尖叫、奔跑，而高年级的学生再兴奋，也很难做出这样的举动。

另外，人类的高级情感在这一时期也得到发展，这些高级情感主要包括道德感、美感、理智等。孩子开始在他的"系统"支持下，用自己的眼睛看世界，去接受与自己"系统"相匹配的观念、兴趣、爱好等。

在学龄期培养孩子的情感是很重要的。家长作为孩子身边最亲近的人，应该多关注这个问题。时下，有些家长有这样的想法："现在是激烈竞争的时代，如果让孩子从小就谦让，以后不就成了受气包？得让他学会竞争。"这里需要指出的是：竞争和掠夺是不能画等号的。美好的情感是作为人所应该追求的，因此，家长首先要弄清楚"我想培养一个什么样的孩子"。

我认识一位家长，他说："我对孩子的要求就是四个字：真诚善良。"在平时的生活中，他确实也是这样引导孩子的。这个孩子非常有同情心和友爱心，为了让别的小朋友快乐，他把自己心爱的图书借给别人看；当别的小朋友进步时，他会真心感到高兴；当别的小朋友落后时，他会主动帮助；等等。这样的孩子不但能赢得别人的喜爱，他也是快乐的。与之相反，有的孩子有好东西绝不允许别人碰，否则又打又闹；看到别的同学进步时，他会不服气，专挑人家的毛病，这种孩子的快乐是有限的。

情感的培养是多方面的，不仅需要反复教育，也需要家长做出好的榜样，以便给孩子创造一个有良好情感的环境。比如，一个动不动就说脏话、挥拳头的家长，他的孩子在同学面前也会显得十分暴躁。

培养情感是一个漫长的过程，这里我向大家介绍一个比较好的方法——移情教育。举个例子，有一次梅梅和妈妈去买菜，忽然看见前面不远处有一个三四岁的小孩摔倒了。妈妈马上对梅梅说："她一定很痛，你去帮帮她。"梅梅听了，立即去扶她，还像个小大人似的哄她。这就是移情教育，也就是教育孩子设身处地地去感受别人的情感。移情教育不需要花费多大力气，结果却是很显著的。当孩子学会设身处地地理解别人时，他的情感也就随之扩大了，长大后就会成为一个善良、真诚、宽容的人。

增长知识和创设情景也是培养情感的重要手段。情感是随着认识过程产生、发展的，一个人的认识程度决定了他的是非判断力和理智程度，而丰富的知识正是认识的基础。此外，不要忘了创设情景，好的情景可以产生巨大的感染力，加强孩子的情绪体验。比如在饭桌上，父母主动把好的饭菜放在老人面前，给老人盛第一碗饭，这对孩子来说都是很好的教育。

情感是培养出来的，家长需要从生活中的点滴小事入手，不断引导孩子。

04

会学习，才能爱学习

家长A：小时候还挺聪明的，怎么一上学就变笨了呀？
家长B：孩子经常完不成作业，对学习越来越不感兴趣。
家长C：孩子太粗心了，在家都会做，一考试就傻了眼。
家长D：明明很刻苦，可为什么成绩总上不去？
家长E：同事的孩子都请了家教，我不能让孩子输在起跑线上。

李老师感言

面对孩子的学习，家长不是只看作业、问分数、签个字、送补习班就够了。在学习过程中，孩子会遇到各种各样的问题，需要向家长寻求帮助。但是，家长毕竟不是老师，对孩子学习上的好多事也会有拿捏不准的时候，尤其是当家长有了困惑向周围人请教，得到的答案和建议又是各式各样的时候，就会更加不知所措。所以，当孩子遇到学习问题时，家长先要弄清楚原因，再从根源上寻找解决之道。

上学后孩子好像变笨了

小伊给孩子起了一个很时髦的名字——伊妹儿。伊妹儿从一岁半开始认汉字,三岁开始坐在教室里像模像样地学外语,四岁已经会做简单的加减法了。等到该上小学的时候,她已经能流利地背诵几十首古诗,会算100以内的加减法和简单的乘除法。周围的人都夸伊妹儿聪明。

上学后,伊妹儿在一开始确实显示出了她在学习上的优势,但渐渐地,小伊发现孩子的作业本上出现了叉。最初,她觉得可能是孩子粗心造成的,可后来她发现孩子的错题越来越多。有一次,小伊向老师了解情

> 况,老师说:"伊妹儿在班里不是最拔尖的,她有一些不太好的习惯,比如感觉自己懂了,上课就不认真听了。作业书写马马虎虎,经常是只求快不求好。"老师的话让小伊大感意外,她百思不得其解:上学前孩子出类拔萃,为什么上学后反而不行了?

和小伊一样,不少家长都有这样的困惑:原来聪明伶俐的孩子,为什么上学后好像变笨了?

学前的家庭教育和正规的学校教育存在很大的区别。家长在教授孩子知识时,一般偏重的是知识的量,比如认识多少个字、会做多少道题……由于缺乏系统的训练,教授方法也比较简单,所以有些时候孩子看似会了,其实并没有真正弄懂。

有一年,我参加了一年级新生的入学考试,当我问孩子们:"会数数吗?"所有在场的孩子都挺起小胸脯,高声说:"会!"有的孩子还自豪地告诉我能一直数到100。我问他们:"那从72开始往回倒数呢?"有些孩子就数不出来了。从这个小测试中,我们就能看出家长对孩子的训练存在问题。其实,小学一年级的功课并不难,很多内容孩子在上学前已经有所接触,但知识的系统性和规范性是学前教育欠缺的。

家长在进行学前教育时，还会出现训练单一的现象。比如有个家长，在孩子上学前只教他背《三字经》《百家姓》等。孩子上学以后，成绩并不理想，总处于中下等，尤其是数学，老转不过弯来，急得家长不知如何是好。其实，上学前教孩子背一些东西是有益的，但不能把会背多少作为衡量孩子聪明与否的标准。小学阶段的学习是培养孩子多项能力的过程，记忆力只是其中的一方面。

很多时候，家长可能误解了孩子的"聪明"。比如有的孩子胆子大，特别爱说，周围的人感觉这孩子就像小大人一样，认为这就是聪明的表现。但上学以后，孩子的兴趣并不在学习上，而是放在了同学之间的争斗上，或是瞪大眼睛挑别人毛病上，因此很难集中注意力。这也就是说，能说会道的孩子并不一定能学好，成绩好。

我们常说："100分和100分是不一样的。有的100分是听一遍得来的，有的100分是重复听好几遍才得来的。"这里重要的是"一遍"。有些孩子看着很乖，家长的要求他都能达到，但是，他完成任务有可能是建立在家长反复强调的基础上。一些家长生怕孩子听不明白，就反复地讲，长此以往，孩子有了依赖心理，不重视第一遍的要求，想着反正不懂还可以再问。但上了学就不一样了，老师有教学进度和教学内容的要求，并且在授课时要同时面对几十个学生，不可能总是反复讲授同一个内容，这样孩子有时候就会跟不上或听不懂，渐渐地成绩也就下来了。

因此，在孩子入学前，家长不要急于判断孩子聪明与否，而要着重培养他们的逻辑思维能力和良好的生活习惯。另外，上学后一切都是新的，孩子会面临很多新的问题，家长不要觉得孩子聪明就放松要求，再聪明的孩子，没有好的学习态度和习惯也是不行的。比如有的孩子一旦觉得自己会了，对老师提出的其他要求，如书写格式的要求、上课回答问题的要求，就不重视了。其实这些要求正是培养孩子学习习惯的重要部分。

没完成作业的孩子

做作业是课堂学习的延续，既巩固了课堂所学的知识，又能在练习中提高能力。对于孩子来说，做作业是最寻常的事情，但有些孩子就是经常完不成作业，造成这种现象的原因可能有以下几种。

第一，对学习失去兴趣

这类孩子可能因为贪玩或者基础没打好，造成学习成绩长期落后，背的"债"比较多，思想上就有"与其补不完，还不如不补"的想法，所以对做作业是能躲就躲。

第二，学习习惯不好

比如：做作业时精神不集中、拖拉，别人半个小时就能完成的内容，他可能两个小时都写不完，所以课业负担显得很重，在规定时间内完成作业很吃力。

第三，孩子年龄小

孩子年龄小，不能完整、准确地记录作业，导致丢三落四。

对于上面这三类孩子，如果不尽快解决问题，很容易发展成厌学，甚至弃学。俗话说，冰冻三尺，非一日之寒。经常完不成作业的坏毛病不是一两天养成的，所以纠正起来难度较大。家长应该先与老师取得联系，了解孩子完不成作业的原因，最好让孩子准备一个记作业本，把每天留的作业记录下来，以便家长检查督促。

另外，家长要为孩子创造一个良好的学习环境，保证孩子的学习时间和学习场所。对于孩子在完成作业方面取得的进步,家长要及时表扬、鼓励。如果有可能,家长还可以与老师商量重新设立一个起点,使"负债多"的孩子轻装前进。

当然,还有一些孩子只是偶尔没完成作业,原因也是多种多样的,但这些原因会从侧面反映出家长在教育时的一些漏洞来。下面这个例子很有代表性。

一天,贝贝妈妈突然接到老师的电话,说贝贝这两天的作业都没有完成。妈妈很惊讶:贝贝的作业一向都是主动完成的呀,这究竟是怎么回事呢?

等贝贝放学回到家,妈妈试探地问:"今天老师留作业了吗?"

"没有!"贝贝轻松地说。

看到孩子撒谎,妈妈的怒火一下子就上来了:"老师都告诉我了,你说,为什么不写作业?"

贝贝一下子怔住了,看着妈妈,眼泪"哗"地流出来了。原来,这两天妈妈让贝贝学弹琴,占用了贝贝很多玩的时间,所以贝贝弹完琴后,决定先不告诉妈妈有作业,想等晚上玩够了再写。谁知,妈妈想着既然没有作业，就让贝贝多练习弹琴，结果贝贝就忘写作业了。

在贝贝的这个例子中，主要错误在家长身上。妈妈忽视了给孩子安排必要的玩和休息的时间，本以为是为孩子好，却忘记了孩子毕竟是孩子，过重的负担会使她迫不得已地做错事。孩子对家长是有畏惧感的，虽然不敢正面反对，但她会按自己的逻辑去处理，当然结果很可能适得其反。

这个例子给家长敲响了警钟，很多家长会给孩子报各种各样的学习班、兴趣班，孩子负担很重，家长却不以为然。想一想孩子还如此弱小，为了达到家长的要求，他们其实也承受了许多。因此，家长不能把自己的意愿强加给孩子，要顺其自然。

在家会 ≠ 在学校会

曾经有一位家长无可奈何地对我说："每次孩子把考试卷子拿回来，最令我生气的不是他不会做，而是明明在家会做，考试时却没有做对。"大多辅导过孩子学习的家长，会有这样的体会。比如类似听写练习，孩子在家听写全对，可到学校总是拿不了满分；考试也是一样，总是错一些不该错的地方。对于这种现象，很多家长找不出原因，最后只好把问题归结在"马虎"上。

眼看就要期末考试了，妈妈决定每天晚饭后都给伟剑听写生字词。第一天听写，伟剑表现得很不好，40个词错了将近一半。于是，妈妈就让伟剑好好看书，复习好以后再听写。这样几天下来，伟剑的表现好多了。妈妈满心以为孩子这回能考个90分，谁知成绩一下来，才得70分。再看看错的地方，全是他做过的，在家里听写时不是全对吗？

其实，知识只要是真会了，在哪儿都没有问题。出现这种现象，主要原因在于以下几个方面。

第一，家长辅导孩子学习是一对一的

家长往孩子身边一坐，就有很强的威慑力，孩子写的每一个字都逃不过家长的眼睛，这样一来，他的精神很容易集中，小心谨慎，写错字的现象自然就少。可是在学校里，老

师和学生是一对几十的关系,很多时候要靠自觉。同样是听写,因为环境不同,孩子会受到不同的影响,当没有人盯着的时候,他很容易精神涣散。比如老师已经开始听写了,有的孩子还没准备好学习用品,有的孩子被一些意外的声响搅乱了思绪,还有的孩子容易受周围同学活动的影响;等等。尤其是低年级的孩子,没有养成检查的习惯,在家里出错时,家长可以明确地指出来,但到了学校要自己检查时,就对错误视而不见了。

第二,老师和家长对孩子的要求是不一样的

比如,同样是听写,老师会以班里中等学生的速度为准,而家长总是以自己孩子的速度为准。那么,对于一些动作比较慢的学生来说,在家能写对的字词,到了学校可能会因为跟不上老师的速度而手忙脚乱。还有些孩子,即使勉强能跟上老师的速度,也会因为思考、检查的时间不够出现差错。

第三,积累少

有些孩子忽视平时点滴的积累,像伟剑平时不努力,想靠复习期间突击是不行的。就算凭着小聪明一时过关,但知识没有扎实地印在头脑里,临时抱佛脚,反而丧失了知识的

连续性和全面性,所以真正考试时,就算有再好的记忆力,也会忙中出错。

第四,家庭辅导毕竟不能代替学校教学

要培养孩子举一反三的能力,一些规律性或方法性的问题尤其需要这种能力,比如数学应用题,如果孩子欠缺这种能力,很可能会出现家长在家教会了孩子这道题,可孩子转身到了学校又不会了。有的时候,家长觉得自己把题讲透了,孩子听懂了,但他懂的很可能只是这一道题,而不是这一类题。

第五,孩子心理素质差

个别孩子心理素质稍微差一些,在考场上因为紧张导致自己平时会的知识一下子想不起来了。在考场上的紧张跟爸爸妈妈帮助孩子复习时的紧张是不一样的,考试毕竟是真实的考查,成绩的好坏会直接牵扯出很多东西,这会加大孩子的考试压力,一旦遇到陌生问题,孩子很可能一下子就蒙了。

孩子应该是"在学校会,在家才会",而不是"先在家会,再到学校会"。这里需要提醒家长的是:如果孩子有类似情况，家长千万不要忽视，要多从孩子的学习习惯、学习态度上找原因，让他真正在课堂上学会知识，不能靠回家补课解决问题。

努力却得不到好成绩

> 青青的妈妈现在越来越苦恼，眼看着女儿今年上六年级了，可学习成绩一直提不上来。其实，青青学习很刻苦，打开她的作业本，上面总是整整齐齐、干干净净的。就性格来说，她也是个文静、懂事的孩子。
>
> 在一、二年级的时候，青青的学习一直不错，但自从上了中年级，学习成绩就开始下滑。

像青青这样的孩子，几乎每个班都有，他们是公认的好学生，守纪律、懂礼貌、做事认真，可学习成绩总是提高不了。究竟是什么阻碍了这些孩子的成绩呢？

一般来说，学习分为四个环节：预习、听讲、练习和检验。其中最重要的是听讲，其他三个环节很容易看出效果，唯有听讲很难一时发现问题，因为它是一个积累的过程。也许一两节课看不出什么问题,但一两个月后,不同的听讲效果会使学生之间拉开很大的差距。会听讲的孩子能够举一反三,知识运用自如;不会听讲或不听讲的孩子很可能难以顺利地进入下一阶段的学习。

青青的问题就出在听讲上。上课时,她看似在认真地听,其实没有听进去,一堂课下来只掌握了一小半。另外,对于老师提出的问题,她没有积极地思考,总希望能得到现成的答案,就像一个看热闹的观众,并没有参与进来。当老师讲解答案时,她似乎也听得懂,却不会思考解题的过程。日积月累,青青上课的姿势依旧,但思维的广度和深度已经出现局限。

和青青类似的孩子,除了存在上课听讲的问题之外,他们通常还有共同的弱点:知识面很窄,思维不够活跃。随着孩子年级的升高,知识一下变得丰富起来,这时候家长绝对不要把目光仅盯着成绩不放,要跳出来问自己一个问题:如何让孩子的学习高效高质?我的答案是:建立结构化的思维。如果把孩子学习的每一个知识点当成一片树叶,那么结构化的思维就是树干,如果没有树干,树叶就会没有章法地铺一地,是很难被孩子记忆的,更不要说让他们看清整个知识体系的样貌,所以思维结构化越清晰的孩子记东西越快,越容易看清知识之间的联系，学习也会越轻松。

如何做到思维的结构化呢？最重要的一步是逻辑思维的训练，比如在低年级时对孩子多进行比较、推理、假设等方面的训练。例如，汽车杂志上面会有很多汽车照片，我们可以和孩子一起评选"最喜欢的一款车"；看画展时，让孩子选出他最喜欢的一部作品；过年时，让家里的每个人说出一道自己最喜爱的年夜菜……这就是在训练孩子的比较能力。在看书讲故事时，家长可以停下来问问孩子，后面会发生什么事情？这是推理训练。当孩子犯了错误时，家长可以问问孩子，假如事情可以重来，他会在哪个点上改进？这是在运用假设。

等孩子到了中高年级，理性思维越来越丰富，家长可以有意识地培养孩子的思辨意识。思辨意识培养的先决条件是尊重孩子的想法，当孩子谈自己的想法时，哪怕是最不靠谱的想法，我们也不要直接否定，而是说："你的想法很独特，能跟我说说你的理由吗？"然后在孩子的叙述过程中找到问题症结，与孩子一起讨论。我们还可以和孩子一起看新闻，讨论热点话题，让他看到不同人的不同观点，学习从别人的观点中比照自己的观点。

另外，青青的妈妈在教育孩子的问题上也存在着导向性的错误。青青学习很努力,这种精神是可贵的,但也不能只重视努力而不顾效果。妈妈只把目光盯在孩子的努力上,看她一笔一画地写作业,有时到夜里10点钟才睡觉,觉得这才是刻苦。在这样的鼓励下,青青逐渐偏离了正确的学习方法,一味地闷头写呀、算呀,反而越学越差。

事实上,在我们的周围,"努力而得不到好成绩"要比"不努力而得到好成绩"的情况更常见。因此,家长应该教孩子如何更有效地去用功、努力,不能让他有"只要努力就行,至于结果如何全凭运气"的想法。这种不正确的想法不仅使孩子变得缺乏气魄,也无益于学习成绩的进步。

除此之外,有些家长的期望太高,超出了孩子的实际能力,也会出现"努力而得不到好成绩"的情况。比如有个孩子,各方面的能力都很一般,家长却要求他门门功课都得在班里排前三名。这个孩子很刻苦,只要是老师、家长留的作业,他肯定会认认真真地完成,而这种完成只是出于应付,只有量的增加,却没有质的提高。这种看似努力的学习,对孩子的学习兴趣是一个很大的挫伤。我们总说要因材施教,对不同的孩子提不同的学习要求,并不是降低孩子的学习标准,而是强调寻求一种更适合孩子的学习途径。我觉得,与其让孩子和拔尖的学生比,不如让他和自己比。家长可以先客观地分析一下，看孩子的学习水平在哪一个层次上，然后合理地设立前进目标。俗话说，不怕慢，就怕站。孩子只有不断地超越自己，他的成功才更有意义。

站在孩子的角度来看，那些学习刻苦但成绩不理想的孩子，他们内心肯定也充满了委屈和迷茫。在这个时候，家长要帮助孩子树立自信心，最关键的是要引导孩子找到适合他的学习方法。

该请家庭教师吗

要不要请家庭教师，是令很多家长比较纠结的事。有的家长觉得孩子还小，刚进入小学阶段，不知道这种做法对孩子以后的学习和成长究竟是有利还是有弊。要搞清楚这个问题，我们首先得分析一下请家教的原因，一般有以下五种。

第一种：孩子学习成绩很好，但家长希望进一步提高，开开小灶

比如有的家长很重视孩子的外语学习，虽然学校开设了英语课，但对于一些基础较好的孩子来说，可能存在"吃不

饱"的情况，这时请一位英语家教对孩子进行单独辅导，还是比较有针对性的。

第二种：孩子掌握知识有困难，家长又辅导不了，需要请家教代劳

虽然小学阶段的知识并不是很难，但内容更新比较快，与家长小时候学的知识存在很大的不同。另外，有些家长本身的知识水平有限，辅导孩子感到有难度，这时就需要请一位专门的老师来进行辅导。

第三种：孩子的学习态度恶劣，家长应付不了，想请家教来管制一下

有些孩子学习态度不好，家长不在旁边盯着就不写作业，而家长精力又有限，所以想请家教帮忙看着孩子写作业。这部分家长对家教的要求并不高，只要能让孩子完成老师留的作业就行了。

第四种：家长非常忙，无暇顾及孩子的学习，请家教可以解决很多实际问题

比如有个孩子，父母都是做生意的，一天到晚忙于各种应酬，晚上把孩子一个人留在家里又不放心，索性带在身边。长久以来，孩子的作业不是在饭桌上写的，就是在宾馆大堂完成的，质量自然不高。后来，父母给孩子请了家庭教师，由家庭教师在家里辅导孩子踏踏实实地完成作业，父母也能安心出去工作。

第五种：家长看到周围人都请了家教，唯恐自己的孩子落下，产生了从众心理

其实，有一部分孩子并不需要请家教，只是家长不甘心孩子落于人后，期待通过个别辅导能提高孩子的成绩，便加入了请家教的队伍。

从原则上来说，一般的孩子最好还是不要请家教，因为学习是孩子自己的事，是他在生活中必须独立面对的事。小学阶段的知识都是最基本的，只要上课认真听讲，及时消化，不应该有问题。客观地讲，家长给孩子请家教往往还会带来一些问题。比如，家教成了孩子学习上的"拐杖"。有些孩子自从有了家教后，就觉得反正家里还有个老师呢，导致在学校上课时边听边玩，掌握知识和完成作业完全依赖家教。另外，家教市场也存在不规范的情况，家教的水平良莠不齐。小学阶段的知识虽然不难，但不是人人都能教的。很多家长自己就有这样的体会：一道数学题明明自己会，可讲给孩子听，孩子就是不懂。这其实是方法的问题。一般来说，只有经过训练和具有实践经验的老师才能正确、科学地教导孩子。

当然，请家教这个问题不能一概而论。学习成绩较好的学生请有经验的老师提高一下是可以的，这有利于学生的长足发展；没人管的孩子请个保姆式的家教，看着写作业，也有一定的效果；一些学习能力较差、不能完全接受课堂上老师讲的知识的孩子，有家教一对一地辅导，也能见成效。但是，对于处于"两头"（学习极好或极差）的学生，家长就要慎重考虑了。

那么，请家教应该注意什么问题呢？

第一，尽量找有教学经验的家教

比如退休教师，他们不但经验丰富、有耐心，而且对教材比较熟悉，了解教学的方法，指导起孩子来得心应手。

第二，注意端正孩子的学习态度

因为学习态度不好而需要请家教的孩子，家长应该清楚：这是治标不治本的办法，要彻底解决问题，关键在于培养孩子好的学习习惯，确立孩子正确的学习态度。

第三，不要把责任全部推给家教

请了家教以后，家长不能把教育孩子的责任全部推给家教，因为家教只是一时的替代，孩子学习兴趣的培养、学习习惯的养成还是家长应该承担的责任。家长永远是家长，来自家长的教育是谁也替代不了的。

非智力因素是孩子成功的重要条件

在今天，我们经常能听到"非智力因素"这个词。从字面上理解，"非智力因素"与"智力因素"是相对的，那么，它们之间有什么联系？对孩子又有什么不同的影响呢？

1935年，美国心理学家亚历山大在其论文《具体智力和抽象智力》中首先提出了"非智力因素"这个概念。1950年，另一位美国心理学家韦克斯勒对这一概念进行了深入研究，并发表了论文《认识的、先天的和非智力智慧》。后来随着人们的不断探讨，非智力因素的内容和本质也日趋明朗起来，它可以分为广义和狭义两方面。广义的非智力因素，是指除智力以外的心理因素、环境因素、生理因素及道德品质等；狭义的非智力因素，是指那些不直接参与认识过程，但对认识过程起直接制约作用的心理因素，主要包括动机、兴趣、情感、意志、性格等。在这里，我们所讲的对孩子进行非智力因素的培养主要以狭义为主。

非智力因素对于孩子的成长有着重要的意义。

第一，非智力因素有智力因素不可替代的作用

很多科学家、伟人在少儿时期学习成绩并不优秀，智力水平也不突出，但为什么能在日后的事业中取得成功呢？主要靠的是毅力、勤奋、兴趣，而这些都包括在非智力因素当中。

第二，非智力因素与因材施教有直接关系

举个例子，现在有A、B、C三个学生，他们的

数学成绩都很突出，但成绩好的原因各不相同：A同学从小就对解数学题着迷，在他眼中，数学不是枯燥的数字、公式，而是一个乐趣无穷的世界，所以他成功在兴趣上；B同学性格沉稳、踏实，做题时从来都是做一道对一道，她的成功是因为性格；C同学天资并不聪慧，但很有毅力，比如上一二年级时，因为口算不过关，他就每天练100道题，最后在口算比赛中得了100分，他的成功在于意志坚定。

这个例子可以说明：非智力因素优异的人，并不是组成非智力因素的各种基本因素都优异，只要其中某一因素有突出发展，就可以在智慧活动中取得突出的成绩。也就是说，培养孩子的非智力因素可以采取"东边不亮西边亮"的策略，根据孩子的特点，发挥其所长，一样可以取得好的结果。

第三，非智力因素决定了孩子行动时所采取的态度和方式

中国有句古话："非不能也，是不为也。"这里的"能"是指能力，也就是智力因素；"为"指的是做不做，即非智力因素。很多孩子在学习上不是"不能"，而是"不为"。针对这种情况，家长可以根据非智力因素的内容对孩子进行检查、调整。如果孩子真的是"不能"，那么家长可以考虑适当地降低标准或转化目标。

我经常听到有的家长忧虑地说："我们家孩子处处显得比别人笨，该怎么办呀？"有句古话叫作"勤能补拙"，一个非智力因素水平高的孩子，可以很好地弥补智力因素上的不足。曾有人访问了几十位高考状元，当被问到"你是否认为自己聪明"时，只有十几位状元做出了肯定回答，大多数都认为自己智力水平一般，甚至有人觉得自己在某些方面的反应比一般人更慢一些。当被问到"为什么高考会取得优异成绩"时，有的状元说是因为找到了好的学习方法，有的说是自己肯付出更多的努力，还有的说是自己对某一学科有浓厚的兴趣。

曾有人做过这样的比喻："智力好比刀刃，知识好比磨刀石，而努力学习的过程就是磨刀的过程，只要肯下功夫，又有正确的方法，刀刃就会变得锋利。"

05
辅导孩子学习需要知道的那些事

家长A：每次考试都像过关一样，真不知道是孩子上学还是我上学。

家长B：一看到孩子的试卷我就生气！

家长C：孩子看的书真不算少，我就想不明白了：怎么还是写不好作文呢？

家长D：辅导孩子做作业是个体力活儿，一遍遍地讲，他还是不会。

李老师感言

虽然学习是孩子的事，但是辅导孩子学习已经成为很多家长躲不了的功课。既然躲不了，那么不妨做得专业一些，掌握辅导过程中规律性的东西，可以帮助家长事半功倍。

考前复习要有针对性

复习考试阶段是学生最紧张的时刻，所以，怎样帮助孩子复习自然也成了很多家长关心的话题。在这个时候，有的家长比孩子还着急，四处找练习册、考试卷给孩子做，然后又批又改，忙得不亦乐乎，但是有的孩子成绩不见提高，有时反而还会下降，这是什么原因呢？

我们知道，好成绩的取得要靠平时刻苦努力的学习，像这种"临时抱佛脚"的做法，想在复习期间大幅度提高成绩是不太可能的。但这并不是说复习没有用，而是要正确认识复习的作用，明确复习的目的不是应付考试，而是借机对平时的学习做一个总结。

那么，怎样才能帮助孩子做好复习呢？

家长要先分析孩子的学习属于哪个层次，然后区别对待。如果孩子平时学习比较差，这时家长千万不要盲目地找题给孩子做，或者说根本不用找题来做，因为孩子差在基础知识上，而考试中涉及基础知识的内容占到七八成。也就是说，只要孩子能掌握好基础知识，考试就不会有大问题。想在短时间内掌握基础知识，就应该紧紧抓住课本不放，把课本中最基本的概念、定义、生字词、课后练习弄懂吃透。能完成这些内容，对一个平时学习较差的学生来说，负担已经不轻了。

另外，学习差的孩子往往还存在学习态度不端正的问题，所以在复习期间，家长要一边帮助孩子填补知识漏洞，一边对孩子进行学习态度的教育。对于复习考试，每个孩子的重视程度不同，家长不要让孩子太紧张，要帮助孩子始终保持良好的状态，这种状态一直持续到考试中，孩子才能做到踏实、认真。

如果孩子成绩中等，那么选对复习方法就显得十分重要了，因为中等生只要再努把力，就能迈上一个新台阶，而稍微一松懈就会落后。所以，在复习过程中要讲究方法和效率。

高珊是个中等生，每次复习时，妈妈都要从头到尾帮她把所学内容梳理好几遍，这样非常耗时费力。其实，高珊并不是每道题都不会做，但妈妈怕她不会，所以才让她连会做的题也反复做几遍。每天晚上，高珊都要复习到 11 点才能完成任务。高珊的妈妈总是担心孩子不会，这也代表了一部分家长的真实心态，他们心里很紧张，唯恐复习不到，孩子考试会出问题。从根本上来说，学习是孩子的事，家长只是起到辅助的作用，如果孩子考得不好，主要责任还是在孩子身上。对于像高珊这样的中等生，家长在指导复习时要有详有略，会的不多提，不会的重点突破。翻一翻她平时的作业、练习卷，看看都错在什么地方，有没有概念问题，这才是有的放矢、科学的复习。

最后一种情况，如果孩子平时学习优秀，那么家长指导复习的角度就要有所改变，要把复习变成提高孩子学习能力、激发学习兴趣的机会。这里介绍两种方法。

第一种，猜题法

家长把复习内容分成若干单元，先让孩子按单元自行复习，然后询问孩子什么地方是重点。知道了孩子心目中的重点，再据此帮助孩子整理出头绪，就能达到预期的效果。或者让孩子比较一下自己认为的重点和老师指出的重点有什么差别，纠正孩子不正确的思路。

第二种，自考法

大多数情况下都是家长出题，孩子解答。如果给孩子一个机会，让他自己出张卷子，会怎么样呢？首先，他会很兴奋，因为觉得很新鲜。接着，他会搜集所要的题目，这个搜集过程实际上就是一次很好的复习。然后，他会把自己认为很重要的内容摘出来，这时会发生一个很有趣的现象：孩子都喜欢将自己最了解、最擅长的东西变成问题，借此表现一番。这么一来，对于孩子在学习上的虚实，家长不就了如指掌了吗？以后，家长就可以专找孩子的弱点来辅导，做到对症下药。

针对不同学习层次的孩子，要采取不同的复习方法。家长可以把眼光放远一些，如果通过科学的复习，孩子不但在知识上有所收获，还在其他方面有了长进，这不是件令人欣喜的事情吗？

冷静对待孩子的试卷

考试是学习过程中非常重要的一个环节，它是对孩子学习效果的一个检验，也是家长了解孩子学习状况的主要途径。考试前的复习固然重要，考试后的工作也是不容忽视的。有些家长拿到卷子,一看到分数低,就表现得非常不冷静,把孩子吓得眼泪汪汪,这么做对提高成绩毫无益处。我希望家长能帮助孩子正确地分析试卷,找出问题,才能"亡羊补牢"。

中小学阶段的学习内容可以分成两大部分:基础知识和基本技能,简称"双基"。基础知识就是我们常说的"死知识",比如生字、新词、课文内容等;基本技能是指运用知识的能力,也就是"活知识"。打个比方,基础知识就像盖楼房的材料,像砖、钢筋、水泥等,而基本技能则是盖楼房时所使用的方法。任何形式的考试,都体现着"双基"的训练。

孩子当然不懂什么"双基",他们能想到的考不好的原因要么是马虎,要么是根本不会。但家长不能这么简单地看问题,要有一定高度,这对指导孩子以后的学习非常重要。面对孩子的卷子,很多家长最关心的是分数,分数固然可以反映孩子的水平,但这里要提醒家长,在看分数的同时还要注意两个问题。

第一,看这次考试班里的整体水平

因为每次考试内容的难易程度是不一样的,同样是95

分,这次在班里名列前茅,下次可能就只是中等水平。家长如果不知道孩子在班里所处的真实位置,可以找几个跟孩子水平差不多或稍强一点的同学做参照。

第二,看重孩子的学习态度和努力程度

有的孩子听老师讲一遍就能得 100 分,而有的孩子得 100 分是建立在家长反复辅导、多次纠正的基础上的。显然,这两种孩子的水平绝对不能相提并论,后一种孩子到了高年级,很容易变成我们所说的"高分低能"。

有些家长拿到卷子后,马上发表议论,但每次说的都差不多,什么不认真呀、不好好听讲呀,这样的话说多了等于没说,起不到什么作用。要想帮孩子分析问题,家长可以按以下五步来走。

第一步,把卷子内容按"双基"分成两大类

以语文卷子为例,比如看拼音写词、组词、默写、造句等,这些都是基础知识,只要平时练过都应该没问题;而作文、阅读短文、句式练习等,就属于基本技能了。需要特别说明的是,"双基"的两个部分是紧密联系的,你中有我、我中有你。打个比方,作文中也会存在基础知识的问题,造句时也会犯基本技能方面的错误。因此,家长分析孩子的错

误类型需要十分认真。

第二步，看孩子主要错在哪一部分

如果是基础知识方面的，说明平时练习得不够，知识有漏洞；如果是基本技能方面的，一种可能是孩子的思维不灵活，另一种可能就是没有掌握正确的方法。

第三步，针对不同类型的问题进行训练

基础知识的问题，可以采取听写、比较等方法，巩固正确的概念；基本技能的问题比较复杂一些，因为很多东西要靠老师上课讲解和平时积累。家长可以让孩子复述做题的思路，从中进行纠正。在这里需要提醒的是，家长毕竟不是老师，对一些有规律的内容不要轻易下结论。比如，有位家长告诉孩子："做应用题时，看见'多'你就加，看见'少'你就减。"这其实是错误的引导，例如"小明有5朵红花，他比小兰少3朵，小兰有几朵？"这道题显然是加法。遇到没有把握的问题时，家长还是应该鼓励孩子直接向老师请教。

第四步，进行学习态度的教育

如果几乎每次考试，孩子的成绩都比实际水平低，这就是我们经常说的"马虎"。马虎其实是学习态度的问题。有的孩子在做完题后东张西望，心思已不在考试上；有的孩子甚至把卷子翻过来，显出一副不耐烦的样子，这些都不利于正常水平的发挥。家长要让孩子明白，检查也是考试的一部分，不是可有可无的，"完成"只不过是最低的标准。

第五步，做好记录

有心的家长要保留好孩子的试卷，给孩子准备一个记错本，把平时所犯的错误记录下来，等到期末复习阶段，就知道什么是复习的难点、重点了。

写好作文，积累和技巧两手抓

怎样才能使孩子写好作文？总的来说，写作文是一个循序渐进的过程，先从写好一句话入手，再到写好一段话，最后才能写好一篇文章。从命题作文的要求来看也是如此，先是看图写话，再是命题作文、半命题作文。从写作内容上看，先写静物，再写动物，最后才写人与事。

作为家长，首先得让孩子认识到"作文不可怕"。有的孩子本来是不怕写作文的，但家长总是一个劲儿地说写作文如何辛苦、写好作文如何不易等，结果孩子还没写就心生畏惧了。一旦产生了畏惧心理，再想激发孩子的兴趣就难了。

所以，在孩子刚接触作文时，家长要让他有正确的认识，告诉他作文并不难，就像我们平时说话一样，只不过是用文字来表达罢了。

第一，积累素材

很多孩子面对作文，遇到的第一个难题是不知道该写什么，这就需要生活积累。现在生活水平提高了，各种新鲜事物层出不穷，家长要让孩子广泛地接触自然、接触社会，尽可能多地带孩子出去玩一玩、看一看。这里需要提醒的是，家长不要总把出去玩和写作文联系在一起。有的家长每次带孩子出去玩之前，总要反复唠叨："要好好观察，回来写一篇像样的作文。"其实，孩子心里是十分反感这种做法的，他即使看到了美景也提不起兴趣。家庭游玩就应该是轻松愉快的，让孩子放松精神，使思维处于兴奋状态，在这种状态下，即使是随意性的记忆也是比较牢固的。

当然，这并不是说出去玩就一定不能与写作文相关，这么一来反而容易变成漫无目的的瞎玩。家长可以在自然的气氛下诱导孩子进行观察。比如北海公园中九龙壁、琼岛等具有代表性的景点，应该是游览的重点，孩子通过亲身领略优美的环境，了解景点的背景，会在头脑中留下深刻的印象，等到提笔写作时就不会觉得无物可写了。所以，去哪玩、选什么景点、在玩的过程中怎样引导孩子，家长都应该心里有数。

除了出去玩，还有其他获取信息、增长见识的方法，比如看电视、听广播和读书。在这三种方法中，我们最提倡的是读书，因为书籍是由文字组成的，而文字本身只是个符号而已，要把一句话读懂，就需要靠想象、联想、幻想来共同完成，这是发展孩子形象思维的最好办法。其次较好的方法是收听广播，虽然广播中加入了语气，有了气氛的烘托，但也需要一定的想象。看电视虽然是最直接、最迅速获得信息的方法，因为太直接了，反而压缩了孩子的想象空间。

一般来说，三年级的学生已经能阅读纯文字的书了。孩子读完后，家长可以让他就所读内容发表意见，比如谈谈对主人公的看法、自己记忆最深刻的情节等。然后，家长还可以与孩子一起，把精彩章节再读一遍，分析一下为什么吸引人。

第二，写作技巧

前面讲的主要是积累问题，只要孩子平时积累了足够的素材，那么写起作文来至少不会出现无话可说的情况，但这也不能保证写出好作文来。所以，家长还要教给孩子一些基本的写作技巧。比如，写事的文章要写出曲折，特别是写自己做过的事，遇到了哪些困难，怎样克服困难，等等，这样的作文才不会是"白开水"。写物的文章要按顺序写，抓住事物的特点，让人一看就知道是这个而不是那个。写人物活动的文章关键要抓动词，尤其是连贯性动作，只需几个准确的动词就能使人物惟妙惟肖。

根据孩子所处的不同阶段，家长还可以设计一些有趣的练习。比如低年级孩子的家长可以先写一个概括句，然后让孩子围绕这句话接着写下去，像"天上的云各式各样……""外面下雨了……""今天的饭菜真丰富……"中高年级的孩子可以做扩句练习，比如家长说一句：小军在种树。孩子可能会扩展成：小军在山上种树。接下来，家长要让孩子继续扩展，以此类推，看看究竟能扩多长，这其实是在教孩子如何把内容写得具体。

还有一点很重要：家长要鼓励孩子多动笔。三年级以上的孩子要养成写周记的习惯，周记的内容可以是随感、记叙事情、摘抄等。孩子写完后，家长一定得要求孩子朗读自己的文章，先肯定，再指出不足，这样才能使孩子保持自信心。

严格来说，要写好作文，仅靠课堂上所学的内容是不够的，"功夫在课外"。所以和掌握写作技巧比起来，生活积累更为重要。家长要引导孩子多留意身边的点滴感受，比如让孩子每月评一次"我最高兴的事"和"我最难过的事"，这对写作无疑是大有好处的。

光看书是写不好作文的

小力很爱看书，刚上四年级，书架上就摆满了书。但是，小力的妈妈想不通：读了这么多书，为什么小力的作文成绩一直提不高呢？老师的批语总是"枯燥、不生动"。都说多看书对写作文有好处，但放在小力身上，似乎不是这么回事！

月儿是班里的中队长，学习成绩一直名列前茅，就是作文始终处于中游水平。为了写好作文，月儿自己没少下功夫，妈妈也给她出主意，让她看《福尔摩斯探案集》，因为里边有大量的人物描写、环境描写，还介绍了许多观察的方法，对提高作文水平很有帮助。谁知月儿看起书来，只对破案推理的过程津津乐道，对人物描写、环境描写一点兴趣都没有。

从以上两个例子可以看出，看书虽然是件好事，但光靠看书是不能解决作文问题的。如果硬要把看书与写作文联系在一起，那么孩子能获得的阅读乐趣将会大打折扣。其实，作文水平的提高是综合培养的结果，看书只不过是其中一项罢了。

比如小力爱看书，但他看的主要是自然科学方面的书，信息量虽然大，但书中的文学色彩不够浓。月儿也爱看书，但她关心的只是故事情节的发展，这样的孩子逻辑思维能力和抽象思维能力比较好，一般数学成绩不错，但遇到像写作文这样需要发挥想象力的事就不擅长了。比如，有一次月儿写了一篇《第一次钉小木箱》的作文，文章写得很详细，把所需材料的形状、尺寸都描写得清清楚楚，制作过程也叙述得详尽具体，但怎么读都不像作文，倒更像是产品说明书。小力也有类似的情况，他描写自己做饭的经过时，虽然详尽，却枯燥、乏味，就像一份菜谱。

那么，写不好作文的原因究竟在哪儿呢？这又回到了写作的一个基本问题——积累。总的来说，积累可以分成四个层次。

第一层次，词语的积累

孩子写作文时，要用准确的词语才能流畅表达自己的思想感情，渲染气氛，以达到写作的目的。词语的积累靠的是语文课的学习、日常生活的信息，以及各种课外读物。比如描写春天的花朵，如果用"五颜六色"这个词，就能突出花朵颜色的特点，而这个词的运用就是积累的结果。

第二层次，写作技巧的积累

同样的原材料，名厨和主妇做出的菜是不一样的。同样一个内容，采用不同的表达方式，体现出来的作文水平也是不一样的。比如，倒叙、细节描写、环境烘托等，都是很好的写作技巧。这些技巧的积累，一方面要靠语文课上老师的讲授，另一方面要靠孩子自己对作文的品评。

第三层次，生活经历的积累

写作文还要讲究选材，新颖的题材来自丰富的生活。比如同样写《记一次参观活动》，甲同学参加过十次这样的活动,而乙同学仅参加过一次,从选材的范围上看,乙同学就已经落后了许多。生活经历的积累仅靠看书是不够的,要让孩子走向社会,走向大自然,见多才能识广。

第四层次,情感的积累

有了前面三种积累,就能写出作文了,但不一定是好作文。达到前三个层次,作文最多是中游水平,就像前面说的小力和月儿。如果没有第四个层次——情感的积累,那么再努力也只能在中游水平上下波动。当然,要达到这个层次也是最难的。写好作文需要丰富细腻的情感,只有主动地留意生活、感悟生活,写出的东西才是发自内心的、有真情实感的。比如春天来了,有的孩子会因为发现了第一片绿叶兴奋不已,而有的孩子面对满树新芽无动于衷。

我曾读过一个一年级孩子写的作文,其中有这么一句话:"小芳在雨中打着一把红色的雨伞,就像一朵美丽的花。"当时,我很惊讶一个七岁的孩子会有这么好的表达能力,我问她为什么这么写,她说:"有一次下雨,我站在阳台上,看见表姐打着一把新的红雨伞走过来,我忽然觉得那颜色特别好看,所以这次写作文就用上了。"看似一个不经意的联想，正是红色的美与这个孩子的情感产生的共鸣，让孩子在写类似情节时很自然地运用出来。

辅导作业有高招

并不是每位家长都知道该如何辅导孩子做作业。有的家长给孩子找来各式各样的练习题；有的家长要求孩子反复做同一类练习；还有的家长直接买来参考资料，让孩子把上面的内容背下来。这些不正确的方法不仅增加了孩子的负担，还打击了孩子学习的积极性。

不过，也有家长在辅导孩子做作业的过程中，总结出很好的经验，值得与广大家长们分享。

第一，"只教一遍"与"教不过三"

家长在辅导孩子做作业时，如果发现孩子有不懂的问题，讲解前一定要强调：只教一遍！因为孩子容易对家长产生依赖感，想着一遍不会还有下一遍。有的家长刚好相反，一遍又一遍地讲，不厌其烦，结果孩子不会的还是不会。

当然，有时也会遇到特别难的题，讲一遍，孩子可能确实领悟不了,那么家长就要记住下一句话了:教不过三!科学研究表明,人类的思考遵循"正—反—合"的规律,也就是说,由对 A 的想法,产生了对立概念 B(疑问),要解决这两者的矛盾,就得寻找出真理 C。比如在数学课上,老师讲三角形的内角和是 180°,孩子能接受这个概念,这就是"正";但有的孩子会想"真的吗",这就是"反";最后经过求证,证明了定理是正确的,孩子也接受了,这就是"合"。根据这个法则,如果孩子在尝试三次之后还出现错误,那么家长就应该放弃这种方法,换一个角度去辅导孩子。如果确实是这道题太难了,超出孩子的知识能力范围,那就暂时不要做了。

第二,用图形来表达学习内容

小学生的形象思维是非常丰富的,抽象思维却很简单。家长如果能让孩子学会用图形来表达学习内容,将会非常有益。大概从中年级开始,孩子的观察能力和阅读能力开始超过听力。比如让孩子单独去一个陌生的地方,与其告诉他怎么走,不如画一张路线图。在学习中也是同样的道理,当出现难点时,画图往往能达到事半功倍的效果,这就是学应用题时老师经常让学生画图的原因。

这种方法也可以用于解决阅读中出现的问题。比如,有一篇课文叫《爬山虎的脚》,其中有这样一句话:"爬山虎的脚长在茎上。茎上长叶柄的地方,反面伸出枝状的六七根细丝……这就是爬山虎的脚。"这句话是比较难理解的,很多孩子读完后仍然不知道爬山虎的脚长在哪儿,但如果让孩子按课文所说的画一画,答案就一目了然了。

第三,每错一次画一道

小学阶段的知识都是最基础的,而语文中的字、词、句,数学中的四则运算又是基础中的基础,孩子只有牢固地掌握这些最基础的知识,才能学习更深、更难的知识。在学习基础知识的过程中,孩子经常出现"学会了后面忘了前面"的现象。究其原因,有时是因为不认真,有时则是因为记不牢。正因为如此,老师每教孩子一个新字或一道例题,都会运用各种方法帮助孩子巩固,比如:听写、做练习、测验等。家长辅导作业时也可以这样做:当孩子做错题时,让他每错一次就在生字表或例题旁画一道,做个记号,这样等复习时,他就知道哪里容易出错了,真正做到有的放矢。

第四,集中火力攻下一个难点

有位妈妈总是把要教孩子的内容集中在一天,并根据内容设定相应主题日。比如，这天她要教孩子关于时间的知识，就会把这天叫作"时间日"。这位妈妈并不强迫孩子坐在书桌前死读书，而是利用一天的所有活动让孩子领会时间的概念，比如，孩子要出去玩，她就告诉孩子现在几点了、几点要回来，并在表盘上找出相应的位置。

这样能使孩子对一个事物保持较长的兴趣，在这段时间内，家长也能集中教授各种有关知识。另外，由于这种方法更容易使孩子精神集中，所以也能提高孩子的学习效率。

从有趣到志趣，是追求远大的人生理想的过程

一个人成功的因素有很多，其中兴趣的作用不可低估。在一般人看来，公式、数字或许很枯燥，对于数学家来说却充满了乐趣。一个人一旦对某种事物产生了兴趣，就会表现出极大的热情。教育孩子也是同样的道理，兴趣的培养至关重要。这里需要强调的是：家长不要只把目光放在培养孩子的学习兴趣上，而要善于引导孩子发展多方面的兴趣。

至于怎样培养孩子的兴趣，家长有必要先弄清兴趣发展的三种水平。根据兴趣认识的程度、范围和稳定性，我们可以将其分为有趣（初级水平）、乐趣（比较高水平）和志趣（高级水平）三种水平。

"体操王子"李宁在谈到自己的成长道路时曾经说过，他在很小的时候，看到大哥哥、大姐姐在地毯上翻筋斗，觉得特别有趣，便萌发了进体操队的念头。等真正开始练体操时，他吃了很多苦，但也从中体会到了别人不曾体会的乐趣，每一个动作的完成，每一次比赛的胜利，都使他更加热爱体操。等到再长大一些，李宁就下定决心要进国家队，为祖国夺金牌。从李宁的这一席话中，我们可以很清楚地看到从有趣、乐趣，发展到志趣的过程。值得注意的是，这个过程并不是机械的，而是互相渗透、互相转化的。

心理学研究表明，以下事物或活动容易引发人的兴趣：

1. 能满足需要的事物或活动。

2. 新颖的事物或活动。

3. 成功概率高的事物或活动。

4. 与本身能力相适应的事物或活动。

5.能很快获得他人肯定和支持的事物或活动。

孩子正处在好奇心强、求知欲强的阶段，但同时，他们又具有兴趣转移快、稳定性差的特点，自控能力薄弱，所以家长有责任帮助孩子培养好的兴趣。孩子的兴趣在开始的时候往往是不确定的，连他们自己都不太清楚。所以，在确定兴趣的过程中，家长的支持与鼓励是十分重要的。

不过，在现实生活中，经常会出现孩子的兴趣与家长的意愿不一致的情况。有的时候，如果按照家长的意愿去做，孩子可能一辈子都难找到方向。俗话说，强扭的瓜不甜。当孩子对某些事不感兴趣时，家长不要用强制的手段去压迫他。当然，这并不是说孩子对什么没兴趣，家长就要任由他放弃。像基础文化课，孩子再没有兴趣也要努力学。

那么，对于那些必须学习但孩子又没有兴趣的学科，家长该怎么办呢？

有学者曾提出过一个"满怀兴趣地学习"的实验设想，即当你对某一门学科不感兴趣时，只要坐下来，充满信心地想象这门学科是非常有趣的，下定决心从今天起要好好学习这门学科,那么就能从这门学科中获得无穷的乐趣。因为每一门学科都有其特点、规律,只要你满怀热情地投入,以前令人生厌的课程就会慢慢变得有趣了,就会有收获,而这种收获又会刺激新的求知欲,形成良性循环。

这个实验看似有些荒唐,效果却出人意料地好。不过对于孩子来说,让他独立完成这个实验是有难度的,需要家长在旁边不断地鼓励,并随时进行纠正。同时,家长在辅导时要寓教于乐,不要为了辅导而辅导。

随着孩子年龄的增长和知识视野的拓宽,仅凭"好玩、有趣、热闹"激发孩子的兴趣,这种兴趣既不能持久,也不能让孩子获得提高。所以,家长要帮助孩子把兴趣升华为长久、远大的人生理想,也就是把兴趣提升到志趣的高度。

06

五个好习惯保证学习效果

家长A：孩子平时大大咧咧惯了，学习上也受影响，马马虎虎的就是改不了。

家长B：孩子上课坐得端端正正的，为什么老师总说他不会听讲？

家长C：孩子总爱提一些稀奇古怪的问题，把我问得哑口无言。

家长D：叮嘱他多少遍了，每次写完还是不检查，扣的都是冤枉分。

家长E：孩子奔波在各个兴趣班之间，哪有时间看书。

李老师感言

习惯！习惯！习惯！孩子上学后，老师说得最多的就是这个词。采访100个学习好的孩子，认为自己是靠聪明获得好成绩的也许不到20个，但是归功于好习惯的一定占到90%以上。有调查研究表明，孩子的很多学习习惯在小学低年级就已经形成了，一旦形成，以后如果不给予特别的教育，是很难改变的。好的学习习惯能让孩子受益终身，而年龄越小，习惯的养成也就越容易。

好习惯一：不马虎

人人都有马虎的经历，对于孩子来说，因为马虎而做错事是很平常的，而造成马虎的原因也是多种多样的。

有的孩子是因为习惯不好。比如睡觉前没有准备好第二天要穿的衣服，早晨起床抓到什么就穿什么，结果闹出袜子一样一只、裤子前后穿反、扣子扣错之类的笑话。有的孩子是因为做事漫不经心，比如老师批改作业时，总能发现个别孩子把作业本上下颠倒，甚至前后颠倒过来用。还有的孩子是因为没有养成事后检查的习惯，比如打扫卫生时扫出了三堆垃圾，结果只把前面两堆撮走了，而忘记了后面那一堆，如果孩子能检查一下，就不会出现这样的问题。

当然，大部分孩子做事马虎还是因为年龄小，能力达不到。但家长不能因此放任孩子马虎的坏习惯，应该及时纠正，并有意识地训练孩子在这方面的能力。

对于家长来说，孩子在学习上的马虎是最令人头疼的问题。我常常听到家长责怪孩子："这次考试怎么又马虎了？要不然就能得满分。"其实，正是家长这种无意的暗示，使孩子对马虎失去了正确的认识，不把马虎当成问题，从而否定了自己在学习上的漏洞，认为只要自己下次注意就行了。抱有这种思想的孩子，无论有多少个下次，也是与好成绩无缘的。

造成孩子在学习上马虎的原因主要有三个方面。

第一，学习能力不强

孩子学习知识的过程也是培养能力的过程，有些看似因为马虎而犯的错误，其实是学习能力不强的表现。

比如低年级的孩子，你让他指出这一段课文有几句话，他很可能说不对，这并不是马虎，而是阅读能力不强造成的。再比如，中年级语文教学中有排列错乱句子的练习，有些孩子就是看不出句子之间的联系，这是逻辑思维能力不强造成的。像这样的错误，家长如果不认真分析，仅以"马虎"一词代之，就会使孩子忽视知识上的漏洞，对自己盲目自信，直接影响以后的学习。

第二，学习态度不端正

为什么会的知识做不对？这就是学习态度的问题。比如在考场上，有的孩子能始终保持精神高度集中，而有的孩子则显得散漫、倦怠，这两类孩子的考试成绩肯定是不一样的。

培养孩子严谨的学习态度并不是一件轻松的事，要从注重平时的学习活动开始。比如听写时，有的孩子写完后仍低头检查，有的孩子会得意地东张西望。这时，家长应该让孩子明白：完成不是目的，要争取最好。

第三，学习习惯不好

打开一些孩子的作业本，有时会发现这样的怪现象：同样一个字，前一半写的是正确的，后一半就错了。这是因为孩子做作业时不专心，一个字还没写完就跑出去玩。像这种因为不良学习习惯造成的马虎是最常见的，家长平时就应该有意识地训练，让孩子做完一件事情后再去做另外一件事情。如果能够养成好的学习习惯，孩子在学习时就能达到事半功倍的效果，并且终身受益。

所以，在孩子面前，家长不要轻言"马虎"，要尽可能客观地分析造成马虎的原因，对孩子严格要求，使其养成认真细致的学习习惯。

好习惯二：会倾听

学生到学校上学，最主要的活动就是上课，而我国目前的课堂教学方式还是以传统的"老师讲，学生听"为主，所以听讲对一个学生来说是至关重要的。

孩子学习的好坏主要取决于上课听讲的情况。可是有的家长说："上课听讲是学校的事，我又不能坐在孩子旁边，不该归我管。"还有的家长说："孩子上学了，往那儿一坐，自然会听讲。"更多的家长则是采取反复叮嘱的方式，告诫孩子："上课要听讲啊！别走神啊！"

假如把孩子们上课的种种情况用摄像机拍摄下来，那么家长可能很快就会发现问题。比如在一个三年级的教室里，当语文老师说"请打开语文书"时，班里有四分之三的孩子翻开了书本，但后排有两个男生还在嬉闹；坐在中间的两个女生还在因为课间闹矛盾而耿耿于怀；还有三四个学生正在四处翻找课本，因为他们没有提前做好上课的准备。也就是说，从一开始上课，每个孩子所处的状态就不一样，很可能老师已经讲到了第三个问题，但有的学生连第一个问题都没有听见。再看看那四分之三的学生，他们也可以分成不同类型：有的孩子学习兴趣浓，能做到全神贯注，老师提出的每一个问题他都能积极举手回答，对其他同学的发言也能做出正确的判断；有的孩子虽然听讲很专心，但只拣那些简单的、自己有把握的问题来回答；有的孩子只听老师讲，对其他同学的发言并不关心；还有的孩子虽然坐在教室里，但毫无参与意识，就像个局外人。

由此可见，上课听讲是一个很复杂的问题。如果家长不清楚这些情况，只是反复强调"要听讲啊，要听讲啊"，其实作用并不大。下面有几个小测验，可以帮助家长了解孩子上课听讲的情况：

让孩子读一篇刚学完不久的课文。从朗读的熟练程度、感情的表现等方面，判断孩子上课听讲的效果。

让孩子从刚学完的课文中找出一句或一段自己最喜欢或印象最深刻的话，并让他简单地分析一下，从中可以看出孩子对教学重点的把握情况。

找一道刚学过的数学例题,让孩子当老师,试着讲一遍,尤其要注意孩子讲述时的思路是否清晰、语言是否规范。

家长如果发现孩子在听讲方面存在问题,那么仅靠提醒是不够的,还应该在日常生活中有意识地多加训练,因为生活习惯可以转化为学习习惯。

第一,要让孩子养成"说一遍就能做到"的习惯

很多家长会忽视这一点,比如在日常生活中叫孩子吃饭这件小事,有的家长连叫好几声,孩子却一动不动,这样是不行的。由于孩子对家长的话不加理会,家长要达到目的就要提高音量,以增大刺激的强度。而在课堂上,老师的叙述一般是平和的,强调之处也不可能太多,所以孩子的听讲效果往往不理想。另外,如果孩子经常不理会家长的话,在他心里就会觉得"命令归命令,我还可以坚持干自己的事",到了课堂上也很容易走神。

第二,有意识地训练孩子听话的能力

比如家长可以同时安排三四件事,要求孩子先干什么,

再干什么，最后干什么。这时，家长要在一旁仔细观察，看看孩子是否完全理解自己的意思。这是一种非常好的训练方式，能够帮助孩子系统地记忆事物。

第三，教孩子注意听别人说话

家长要提出倾听的要求，让孩子一边听，一边与自己心中的答案做对比，这样既能听出别人的不足，也能找出自己的遗漏之处。

第四，告诉孩子一些听讲的小窍门

比如上课听讲要注意听重点，老师的每一节课都是经过精心设计的，在讲课过程中，老师肯定都会突出重点，一般来说，往往会在导入处和结尾处点明。对于需要重点掌握的部分，老师经常会反复强调、多次提问，或者加强语气、提高声调。

第五，尽量要求孩子复述当天上课的内容

家长可以引导孩子谈谈课堂上有哪些印象深刻的问题、哪位同学回答了问题、谁的回答得到了老师的称赞等。这也是检验孩子上课听讲效果的一个好方法。

教会孩子听讲，就等于交给了他打开知识大门的钥匙。对于家长来说，除了教授一定的方法，还要锻炼孩子的注意力。由于年纪小，很多孩子的注意力持续时间都比较短，容易受到外界影响。平时，家长就应该认真观察，看孩子爱好什么，然后从爱好入手，培养孩子踏实的精神。像拼图、下棋、阅读等，都是很好的训练手段。

另外，在和孩子交谈时，一定要让孩子看着家长的脸。因为孩子的思维比较简单，他看着你的时候，一定是在听你讲话。同样的道理，上课的时候也要让孩子看老师的脸，这样有助于提高听讲的效果。

总而言之，听讲是学习中重要的一环，家长要让孩子学会在课堂上消化，不能把问题带回家。

好习惯三：能质疑

很多孩子提问题总是不假思索，看书时遇到了生字、生词，就马上问家长。很多家长也是有问必答的，一方面怕孩子失去了读书的耐心，另一方面则考虑到让孩子自己查找很浪费时间。可是，这种做法会使孩子失去很好的思考机会，也使家长失去拓展孩子思维、培养学习兴趣的机会。那么，当孩子不懂时，家长应该怎么做呢？

第一，让孩子自己动手查找资料

一般来说，最简单的方法是查字典。曾经有个学习成绩非常优异的学生在介绍自己的学习经验时说，每当遇到不懂的字词时，她就会马上查字典，如果字典的解释中又有不懂的词，就会一直查下去。有一次，她想弄清楚"彩虹"产生的原因，翻开字典后，上面写的是"天空中的小水珠经日光照射发生折射和反射作用而形成的弧形彩带"，她不明白什么是"折射""反射"，就又接着查了"折射"和"反射"这两个词，直到完全弄清楚为止。这样一来，她通过一个词增长了不少知识，最难能可贵的是这种"打破砂锅问到底"的学习精神，奠定了今后严谨求学的基础。

除了字典，家长还应该提供一些相关书籍，让孩子在搜集资料的过程中找到答案。比如有一个孩子看着自己亲手种的吊兰叶子发黄了，心里很着急，问妈妈该怎么办。妈妈没有直接告诉他答案，而是给他找了本家庭养花方面的书。通过看书，孩子知道了叶子发黄的原因。从此以后，只要家里的花草出了问题，他都会自己找书来看，并亲自动手解决问题。

第二，做个引路人，与孩子一起探索

有个大人回忆说自己小时候一直不会系鞋带，家长费了很大劲儿也教不会。有一次，幼儿园的阿姨又教他系，这次阿姨和他并排坐着，他突然明白自己学不会系鞋带的原因了：以前所有教过他的人都站在对面，他看到的一切都是反的！当阿姨和他并排坐着时，他很容易就学会了。通过这个事例，家长应该明白一个道理：讲授者往往不知道听者的疑点，所以与其教和学面对面，不如同在一排，共同探讨。

比如孩子问：轮船为什么不会沉？家长不妨端来脸盆，和孩子一起试试什么东西会沉，什么东西不会沉，在这个过程中引导出正确答案要比抽象的讲解生动得多。这种方法不但可以引起孩子的兴趣，也能使家长知道孩子在哪些要点上想不通，然后对症下药，努力开导，就会取得不错的效果。

第三，以问治问

孩子问问题一般有两种情况：一是不假思索，依赖父母、师长解答；二是百思不得其解，走进了"死胡同"。针对第一种情况，家长不要立刻回答，而是要把问题反问孩子，让孩子积极地思考。针对第二种情况，家长可以先问孩子："你哪儿懂了？"因为孩子总是顺着自己的思路想问题，

知道他懂了什么，也就可以探知孩子真正的问题是什么，这往往比问"哪儿不懂"效果要好。

第四，鼓励孩子多提问题

我反对不假思索的提问，提倡那种勤于动脑、敢于提问的行为，因为一个好的问题代表了一次高质量的思考。比如有的老师上课有这样的习惯：让学生先预习课文，然后就自己不懂的问题提问。这种提问能反映出每个学生思考问题的质量差异。有的孩子的问题比较简单，可以通过查字典、反复阅读等方式得到正确答案；而有的孩子的问题就比较深刻，不仅抓住了文章的核心问题，对作者的写作动机也有考虑。

目前，我国绝大部分学校都采用"老师教，学生记"的方法，课堂的提问多来自老师，而不是学生。由于学生个体的差异，不是每个学生都能接受所有的知识，假如学生没有养成提问的习惯，日积月累，他们的学习成绩就会下降，也会直接影响到学习的兴趣。要想改变这一现状，家长平时在家里就要鼓励孩子多提问，因为在家里，家长和孩子是一对一的关系，更有利于培养孩子"不懂立刻问"的好习惯。

最后要提醒家长的是，当解答不了孩子提的问题时，千万不要因为爱面子而给孩子一些模棱两可,甚至是错误的答案。古人说"知之为知之,不知为不知",勇敢地承认"不知道"才是实事求是的态度。

好习惯四:做后查

如果家长仔细看看孩子平时的作业本、考试卷,就会发现一些题是不应该错的。每次考试前,我总能听到家长反复叮嘱孩子"好好检查",可不少孩子检查来检查去,就是发现不了错误。这些错误往往不是因为不会做造成的,而是孩子明明会做却做不对。所以从这个意义上来讲,孩子学会了检查,就相当于掌握了一种重要的学习方法。

家长要让孩子明白检查的意义,让他知道检查也是整个学习过程中的一个环节,不是可有可无的,会做并不代表就能做对。为了说明检查的重要性,家长可以给孩子举一些生活实例。比如,航天飞船升空后出现故障造成船毁人亡的惨剧,很有可能是设计人员在设计程序时点错了一个小数点。当然,如果能有更贴合孩子学习的实际例子就更好了,这样可以提高孩子检查的自觉性。尤其当孩子正在

06 五个好习惯保证学习效果

为一个小失误而懊悔的时候，给他讲道理的效果会更明显。我曾看见一个孩子的铅笔盒里贴了一张纸条，上面写着家长的叮嘱："满分是检查出来的。"这种形式的强调就很有针对性。

每一次写作业都是培养孩子检查习惯的好机会。低年级孩子的家长可以适当参与日常作业的检查，但是发现问题后不要直接告诉孩子，而要指导他独立发现、独立改正。比如，可以先让孩子自己检查，找出错在什么地方，然后说说错误的原因。如果连续错在同一类型的问题上，那么家长应该告诉孩子这是他的薄弱环节，今后遇到这类问题要多加注意。

如果孩子反复检查都看不出问题，家长不妨出一道类似的题，让他做一做，看看是真的马虎，还是概念上存在问题。孩子只有在平时完成作业时就养成检查的习惯，到了考试时才能自觉地去做。

家长教孩子检查的方法时，可以参考以下三条经验。

第一，按一定的步骤进行检查

检查不能只查做过的题，先要从题号开始，看看有没有漏做的，尤其面对一道大题中包括若干小题的情况，更应该特别注意。题号检查完，要审题目要求，有些孩子不认真审题，老是按照平时练习的思路去做，如果考试换了一个要求，就很容易出错。比如有一次考试，题目要求是在括号里写出字的部首，很多孩子一看是"疑（　）"的形式，连题目要求都没注意，就直接开始组词了。前面两项检查完了，接下来才是检查做过的题。

第二，采用笔尖指读，控制阅读点

在检查时，要让孩子用笔尖指着每一个字去读，尤其是中低年级。因为这一阶段的孩子不具备过硬的阅读能力，单凭眼睛看不准确。有的孩子经常读一句话落一个字，让他再读一遍、两遍、三遍……依然如此，这个时候，家长只有让他指着句子，一个字一个字地读，他才会发现问题。

第三，动笔验算

很多孩子检查时只会用眼睛看，这样的检查效果很不好，因为人的思维有时会出现定式，也就是俗话说的"一根筋"，不动笔去验算一下，是不易查出错误来的。比如，在检查数学题时，可以运用互逆法、改律法和代入法。

互逆法是最基本的验算方法，即把得数和已知数交换位置再进行计算。比如，197 + 52 = 249，采用互逆法验算时就变成了249 - 52，再看得数是不是197。这是一种最直接、最简便的方法。

改律法是采用不同的计算程序验算，看得数是否一致。比如，(4 + 7)×2 = 22，采用改律法验算时可以变成4×2 + 7×2，再看看得数是不是与原来一样。如果一样，则说明是正确的。

代入法通常运用在检查应用题和文字叙述题上，也就是把答案重新代入题中，编成新的题目，以检查正确与否。比如，题目是："工程队要挖400米长的沟，一天挖80米，几天挖好？"列式是400÷80=5（天）。采用代入法验算时，就要把题目变成："工程队要挖一条沟，每天挖80米，5天能挖多少米？"列式是80×5=400（米）。与原题已知条件一致，说明是正确的。

任何良好的习惯都是经过长期严格要求、反复训练得来的，所以家长不要错过每一次训练的机会，要协助孩子做到持之以恒。

好习惯五：爱阅读

曾经有位家长问我一个问题："为了提高孩子的语文成绩，我给他报了课外班，平时也没少做题，可为什么成绩提高的并不理想呢？"

我给家长做了一个比喻："关云长是公认的使刀高手，假如关公使用青龙偃月刀一共有二十个招式，那么当关公只有十岁时就学会了这二十个招式，他能上阵杀敌吗？"

家长果断地说："不能！因为他没劲儿！"

我说："对！这就像你的孩子上课外班和刷题，学的其实只是招式，但他没劲儿，上考场也杀不了'敌'，而'劲儿'是什么？是语文素养！语文素养是涵养出来的，阅读是最好的途径。孩子的业余时间被各种课外班和做题占据，哪有时间阅读？"

现在的孩子们处在一个"快节奏"的生活状态中，孩子还没出生，爸爸妈妈已经在准备运用各种刺激手段让宝贝们变得"聪明"起来；还在上幼儿园就开始参加各种兴趣班，父母们已经迫不及待地要把孩子们培养成"某某家"；等等。上学后就更不用说了，孩子的童年好像越来越短了，每天的时间都被排得满满的，干什么都要讲求效率：杂志上的字越来越少，图越来越大，动画片上的人物动作也是越来越快……在这种情况下培养出的阅读口味是什么样的呢？无外乎两种：一种是像"洋快餐"那样，让你在最短的时间内得到你想要的，比如挑选一些比较有哲理性的故事，然后给你分析其中的寓意，不用你自己体会，编者已经为你思考好了，你只要读就行了；还有名著的缩写本，你不是没时间吗？没关系，知道主要情节就行了。另一种情况是突出"味觉"的刺激，以情节的刺激、搞笑、魔幻为主，使孩子们在短时间内得到心理满足。

也许大环境如此，所以这两种类型的书在市场上很受孩子们喜爱，甚至有的成为畅销书，而作为父母，又会觉得应该让孩子们多读一些禁得住岁月考验的经典，也就是长销书。所以这时就会出现一个矛盾现象，大人们希望孩子多读长销书，但孩子们更愿意选择畅销书。

每当听到家长们的抱怨时，我都会说，选择读什么书，是要看环境的，读长销类的经典书就需要有读经典的环境，是需要孩子慢下来慢慢读、慢慢想的，要培养孩子"慢"看云起潮落，细听风过雨斜的心态……经典的魅力就在于经得起反复品读，并在慢慢的品读中，将读者融化在作品中，同时让作品融化在读者心中。在这个过程中，让读者渐渐地从文字走进文学,再从文学最终走向文化。所以,一定要让孩子们读经典,并保证他们的阅读时间!

当然,阅读在给我们精神的滋养时,也会具有娱乐性。所以,对于孩子来说,要坚持阅读经典,同时也没必要完全排斥畅销书,毕竟其中很多的时尚元素是某一阶段文化的折射。但决不能让畅销书的阅读代替经典的阅读。

这不禁让我想起一个例子,有位记者问某位服装大师:"为什么几十年来您能一直设计出最时尚的服装?"

大师回答:"潮流年年变,只有风格永存,我守住了我的风格。"

希望我们的孩子在电子产品、新媒体的冲击下,能够守住他们应有的阅读风格。

自觉不是家长叮嘱出来的,是在生活、学习中培养出来的

怎样培养孩子的自觉性?很多家长对这个话题十分感兴趣,谁不希望自己的孩子不用多操心就能顺顺

利利长大呢？

从孩子第一天上学开始，"自觉"这个词就频繁出现在家长的叮嘱中。那么，孩子真的懂得什么叫自觉吗？当问孩子这个问题时，他们的回答通常都是"不用大人管""好好学习""遵守纪律""听话"……这些回答并没有错，但都不全面。也就是说，孩子并没有真正懂得自觉的含义。事实上，不仅是孩子，就连很多家长也没有认真、全面地考虑过这个概念，他们只知道自觉是好孩子的标志。

既然孩子不懂，那么家长就应该用最简单的语言告诉他："自觉就是我知道我现在应该干什么。"从这个角度来说，自觉就是行为规范的表现，是衡量一个人品格的尺度。家长不能仅把自觉的定义限制在学习习惯这个狭小的空间里。

怎样才能培养孩子的自觉性呢？

第一，要从"小"做起

这个"小"指的是"小时候""小事"。孩子的成长是从一张白纸开始的，家长告诉他什么应该、什么不应该,他自然就会形成一定的是非标准。这种是非标准的培养需要从点滴小事做起。家长要多注意观察孩子的一举一动,及时纠正坏习惯,随着良好习惯的养成,自觉性就会加强。从"小"做起还要求不能"三天打鱼,两天晒网",今天想起来就做,明天忘了就不做,必须持之以恒,像滴水穿石一样,慢慢达成。

第二,注重培养孩子的生活习惯

一提到自觉,家长往往首先想到孩子的学习,而学习上的自觉性大都是从生活中平移过来的。比如在生活中,孩子做事总是半途而废,那他在学习中也很难做到集中精力去听好一堂课。在培养生活习惯时,家长要注重严格要求,比如作息时间、劳动习惯、卫生保洁等,这些事情孩子每天都要做,如果能养成良好的习惯,那么今后就会有正确的生活方式。"一个好的习惯让人受益终身",的确,当习惯变成自觉的行为时,会对孩子的成长产生至关重要的影响。

第三，培养自觉性是需要耐心的

有些事情孩子一听就懂，并且马上能做到。比如告诉孩子碰到工人电焊时，眼睛不要盯着看，否则会损伤视力。家长说过一遍了，下次即使不提醒，孩子也能自觉做到。这种自觉性好养成。但有些方面的自觉性，孩子不容易做到，这主要是因为孩子的意志力比较薄弱，自控能力差，需要家长耐心培养。在培养孩子自觉性的过程中，家长一定要注意以表扬为主，就像爬山一样，谁也不可能一步就登上顶峰，只要前进了一步，就是好成绩。

这里需要说明的是，耐心不等于唠唠叨叨、无休无止。有的时候，同一内容的话反复说，不仅不会被孩子记住，反而会成为一种"精神噪声"。在教育孩子的时候，家长要注意说话的方式，道理要讲明白，但不必太深，只要有说服力，让孩子心服口服即可。

第四，为孩子树立榜样

榜样的作用是很大的，这种榜样一方面源于家长,另一方面源于同龄伙伴。家长的影响是潜移默化的,比如一个随地吐痰的家长,他的孩子也很难做到爱护环境卫生。而同龄伙伴与孩子情况相似,孩子学习起来也更加容易。

我希望家长不要羡慕别人家的孩子自觉、懂事,谁也不是生下来就知道自己什么时候应该干什么的,只要教育方式得当,任何孩子都可以做到自觉这一点。

07

家庭是教育的主战场

家长A：不是我不管孩子，他的问题太多了，我根本管不过来。

家长B：孩子一身的坏毛病，跟他爸爸一个样！

家长C：孩子最听我的话，我让他往东，他绝对不敢往西。

家长D：能做的我都做了，自己的孩子就是比不上别人家的孩子。

家长E：孩子做什么事都有点畏畏缩缩的，好像很没自信的样子。

家长F：作为一个单亲妈妈，我自己吃再多苦都无所谓，但是不能让孩子受半点儿委屈。

家长G：孩子就是要打，打他是为他好！

李老师感言

在一次家庭教育研讨会上,有人提出了一个观点:目不识丁的农妇也是可以说出几条家教理论的。各家自有各家教育孩子的高招,所以没必要让家长学习家庭教育。我虽然不同意这种说法,但是从另一个角度想,这也说明了家庭教育是蕴含在生活中的智慧。

我接触过很多孩子,面对生活、学习中的各种困难和压力,他们有的乐观,有的自卑,有的积极,也有的自暴自弃……之所以出现这么大的差别,我觉得家长的态度、勇气及教育智慧的影响至关重要。

家庭是教育的主战场

教育不能"抢修"

离期末考试还有一个星期,妈妈突然想起已经很久没有检查简简的作业了。她让简简把作业本拿出来,只见上面满篇的红叉,还有老师批的短语:"补作业""改错"。妈妈厉声道:"你就这样学习呀?期末考试就要到了,你打算怎么办?"简简的心"咚咚咚"地跳,他不知道该怎样回答。

第二天,妈妈给简简和自己都请了假,在家补习功课。凭着几天的强化训练,简简的期末考试总算对付过去了。

现在,简简已经上三年级了,妈妈觉得孩子长大了,可以放手了,也就不怎么管了。没想到,新学期开始不到一个月,老师就反映简简经常不完成作业,急得妈妈不知该怎么办才好。

其实,像简简妈妈这样经常扮演"抢修员"角色的家长还是很多的,只不过他们"抢修"的内容不仅有学习,还有孩子的心理、身体、行为习惯等。

比如,有个孩子喜欢收集橡皮,但家长觉得没有意义,所以一直采取不支持的态度。可孩子就是对这件事感兴趣,起先用自己攒的零花钱买橡皮,后来钱不够了,就偷拿家里的钱。一开始,家长也注意到了孩子偷拿钱的行为,只是觉得也没用在不好的地方,就睁一只眼闭一只眼。直到有一天,孩子偷了商店里的东西,家长这才猛醒,急着"抢修",但已经很难纠正了。

我们都知道"防微杜渐"的道理,而要做到这一点不仅需要细心,还要有耐力。曾听一个朋友感叹:"教育孩子的烦恼就像减肥一样,都知道减肥的关键是少吃多运动,可就是坚持不了。有些教育理论我也心知肚明,但真做起来就难了!"

我想,家长之所以动不动就"抢修",不仅是教育经验不足、时间不够，更重要的是"抢修"就像吃减肥药一样，见效快，所以很多家长愿意这么做。但是，"抢修"给孩子带来的负面影响也是很大的。就像前面说的简简，他很可能对自己学习的实际情况认识不清，怀有侥幸心理，以为只要期末一突击，就能取得不错的成绩，这也是造成他不重视平时积累、学习慵懒的原因所在。"抢修"是不能从根本上解决问题的，简简妈妈把每一次考试都看成在过关，但过了关并不代表就掌握了知识。在以后的学习中，简简还会因为基础不牢固、学习习惯没养成，造成更大的困扰，而这种困扰显然不是请假突击就能解决的。另外，家长在"抢修"时，有时会很难控制情绪，比如暴躁、烦躁等，也会给孩子造成不良的心理影响。

现实生活中，可能绝大多数家长都有过当"抢修员"的经历，但是不要把它当成经常性的手段。孩子的健康成长靠的不是家长的修修补补，而是精雕细琢。

孩子是家长的一面镜子

有一天上完早操，我站在队伍后面，跟学生一起往前走，无意间发现班里有七八个孩子很自然地背起手走路。我对旁边的老师说:"你看,那几个学生真逗。"没想到,这位老师看了我一眼,说:"你就是那么走的。"

以前,我一直以为孩子的模仿是有意的,但其实潜移默化的影响才是最深刻的。从那天起,我特别留意孩子所模仿的内容,从中发现了许多有趣的现象。比如有位老师读书时习惯晃动身体,他们班的学生读书时也爱晃,而且连幅度都一样。还有位刚毕业的女老师,总是在马尾辫中间扎根皮筋,没几天,班上的小女孩都梳成了同样的发型。

由此,我不禁联想到:在学校,孩子能把老师模仿得惟妙惟肖,那他们从最亲近的父母那儿,又会学到些什么呢?

我的朋友玎玎从小就像个男孩子,长大以后也很豪爽。她的标志是一个从不离肩的大背包,塞得鼓鼓的,好像无所不有的百宝箱。有一次朋友聚会,玎玎带来刚上小学的儿子豆豆,豆豆跟他妈妈一样肥衣肥裤,令人叫绝的是,他的衣服口袋也是鼓鼓的,当拿出皱巴巴的手绢擦鼻涕时,还不小心带出了几粒瓜子皮。

家庭是教育的主战场

　　玎玎人还没坐稳,就开始诉说儿子上学后的各种"磨难",尤其是丢三落四的坏习惯,简直令她头疼不已。她说,给儿子买铅笔不是论支买,而是一打一打地买,可还是赶不上儿子丢铅笔的速度。她滔滔不绝地说着,忽然抬手一看表,大声说:"不好了,我们得赶紧走了,要不然该耽误儿子上游泳课了。"一阵忙乱中,她拉着儿子冲出了房间。这时旁边的一位朋友打趣说:"我敢打赌,数不过十,玎玎就得回来。"果然,话音刚落,门铃就响了,原来玎玎落下了一串钥匙。

　　大家都承认"父母是孩子的第一任老师",父母总想传递给孩子最好的信息,但有时我们可能会忽略:孩子除了学习书本上的知识,还会悄悄地模仿,而他模仿的内容往往是家长不易察觉的。这就好比自己的脸上有颗痣,如果不照镜子,别人也不告诉你,那么你永远也不会知道这颗痣的存在。

　　我认识一位经验非常丰富的老教师,她说,新生一入学,就能看出谁是父母带大的,谁是爷爷奶奶带大的。我问为什么,她说:"模仿的对象不同,折射到孩子身上的表现就不一样。"孩子模仿的不仅是生活习惯，连思维方式、精神意识也可以模仿。比如，我有一个毛病：家里人谁没按时回家，我就会坐立不安。回想起小时候，如果爸爸下班晚了，妈妈也会这样。当我把这个发现告诉妈妈时，谁知她笑着说："你姥姥也是这样。"

由此看来，模仿是孩子学习成长的必修课。我们模仿长辈，同时被子女模仿。记得有一期电视节目讨论孩子与钱的问题，有位妈妈说自己的儿子靠借给同学东西赚钱，她自己平时很注意管教，也不知道儿子怎么会这样。这时，坐在台下的儿子说："其实我妈很在意钱，给别人打电话，十有八九都是在谈怎么赚钱。有好几次，我听到她跟我爸说，以后甭管哪个亲戚来借钱，都得立字据，这叫'亲兄弟明算账'。还有一次，我看见她把别人送给我爸的东西卖给了单位的同事。"听了儿子的话，这位妈妈顿时目瞪口呆。

孩子的模仿是全方位的，而不是只学好的一面，所以家长很难事先预防。有一次，我参加家长座谈会，会上很多家长都谈到教育的前提是以身作则，要求孩子做到的，家长首先要做到。比如要求孩子有坐相，家长自己就不能跷二郎腿。从这个意义上讲，孩子是家长的一面镜子，家长在教给孩子是与非之前，应该多在"镜子"前照一照自己。

要教,不要吓

多多今年上一年级,她是个很乖的小女孩,可班上有个很淘气的小男孩老是跟她作对:多多背着书包进教室,小男孩就伸开双手挡住门口;多多从他旁边走过,他就故意把水洒到多多身上。姥姥知道了多多的遭遇,第二天就向老师告了状,结果那个小男孩真的不再欺负多多了。但事情还没完,从那天起,姥姥每次见到多多,第一件事就是问她:"今天有小朋友欺负你吗?只要有人敢动你一下,你就告诉老师,让老师狠狠地批评他。"姥姥的招儿屡试不爽,但班主任渐渐觉得不对劲儿了:多多告状越来越多,同学们也不愿意和她玩了。

有一个叫巧巧的孩子,平时丢三落四,妈妈给她买了一打铅笔,一个星期全弄丢了。妈妈气得狠拧了巧巧两把说,再丢东西就要揍她。每天放学回到家,妈妈都要仔细检查巧巧的文具,并且严厉地对她说:"你把文具都看住了,不能让别人偷了去。"巧巧因此吓得课间都不敢上厕所,甚至连带的水都不敢喝。

当孩子还小时，他们尚不具备交往、自理能力，家长不应该"吓"，而应该"教"。在这个过程中，最容易被忽视的还有一个"淡"。也就是说，当孩子感到委屈和无所适从时，家长一方面要教正确的方法，另一方面要尽量"淡化"。

比如多多，姥姥让她把注意力盯在一个点上，其实会给她造成更大的压力，因为她总在戒备，总在警惕。细想一下，多多所受的委屈大部分都是因为其他孩子的天真无知，这样的错误是完全可以理解和原谅的。

再说巧巧，为了看住文具，失去了游戏、休息的机会，因为妈妈只告诉了她一个结果，却没有教给她可选择的方法。要怎么看住文具，巧巧凭着自己的小脑袋，能想出的主意只有这个。

我还认识一个孩子，他不幸得了心肌炎，在家里休息。第一次见到他，最令我惊讶的是他对自己的病情高度敏感。他妈妈一边搂着他，一边给我介绍病情的严重性及可能的后果，我听着听着觉得很不自然，因为这些话对一个七八岁的孩子来说或许有些太沉重了，而那个孩子似乎已经听惯了。后来，我开始给孩子补课，有一次刚听写完，他突然扔下笔，嘴里还说："不好了，不好了，我的心率又快了。"当时我吓坏了，他妈妈赶紧给他测量，结果显示是正常的。望着孩子苍白的脸,我的心里很不是滋味。

"孩子不是成人的缩小版。"有很多事情,孩子不会面对,不能承受,也无法排解,这时,"淡化"是一种很好的选择。家长要学会引导孩子转移视线,与孩子轻松对话,保持宽容的态度静观发展,这才是教育的上策。

不把别人家的孩子当标杆

小军考上了重点中学,周围的人都向小军妈妈请教诀窍。小军妈妈说:"男孩子就得进行强制教育,小军刚上学时又淘气又马虎,做题不认真,老用橡皮擦。为了帮他改掉这个坏毛病,我就不给他买橡皮,告诉他一遍就得写对,没有改的机会。渐渐地,他就习惯了,做事也仔细了。"

明明妈妈很羡慕小军妈妈有这么优秀的儿子,听了小军妈妈的话,她一回家就向明明宣布:以后写作业不许再用橡皮。没想到一个星期以后,老师向明明妈妈反映,明明的作业质量明显下降,学习成绩也受到了影响。

用不用橡皮虽然是一件小事，但引发的问题还是值得我们深思的。任何好的教育方法都来自实践，都有其针对性。家长面对孩子时，通常既满怀希望，又有些不知所措，主要是因为欠缺教育孩子的经验。所以，几乎每一位家长有过向周围的人讨教的经历。

像例子中提到的明明妈妈就是典型代表，她只要一听说有什么好的教育方法，马上就在自己孩子身上实施。这种教育的热情是很值得赞许的，出发点也是好的，但要注意每个孩子的性格、生活背景、爱好是各不相同的，同一种教育方法教育出来的孩子也会完全不一样。比如，明明属于另一类型的孩子，他已经有了较好的学习习惯和思维方式，本来就很少使用橡皮，还要限制他使用橡皮是不妥当的。当然，毕竟孩子年龄小、自控能力差，很难保证他在写作业时没有一点儿错误。另外，他有时会对自己写的字不满意，擦掉重写，这恰恰是严格要求自己的表现，应当给予适当鼓励。所以，对待像明明这样的孩子，没必要像对待小军那样，否则会带来不好的效果，给孩子造成不必要的心理压力，影响成绩。

即使同一个孩子，在不同的年龄阶段，也不能简单地采用同一种教育方法。比如随便拿别人的东西，对于一年级的孩子来说，他很可能不知道这样做是错的，爸爸妈妈只要告诉他这么做是不好的，然后让他把东西还回去就可以了。但如果孩子到了六年级还犯这样的错误，那就应该从思想品质的角度来教育了。

小军和明明的例子也引发我们对另一个教育问题的思考，那就是"比"。家长常常容易陷入"比"的怪圈：看看别人家的孩子，再看看自己的孩子，为什么别人家的孩子做得到，自己的孩子却做不到呢？曾听到有家长抱怨孩子："该准备的我都为你准备好了，你为什么就是比别人差一截？"也有的家长总是当着孩子的面说："看看人家多棒，你要是有他一半儿，我就谢天谢地了。"

"比"让家长看不清自己的孩子，也看不清应该给予孩子怎样的生活。比来比去，家长越来越焦虑，把别人家孩子的优秀线当成自己孩子的及格线，这对孩子来说是不公平的。每个孩子都是独一无二的，家长不要为了自己的面子，让孩子承受不该有的压力。

培养自信心要做到十个字

要使孩子做最好的自己，自信心的培养尤为重要。

自信心主要表现在接受任务后，对完成任务充满信心，并能提出完成任务的方法、步骤，有克服困难的决心。要想培养孩子的自信心，家长必须做到十个字：尊重、信任、赞扬、鼓励、帮助。

第一，尊重和信任

父母对孩子的尊重和信任是对孩子最积极的评价。比如有一次，老师讲了王羲之勤学苦练，最终成为一代书法大家的故事。小岩听了很兴奋，放学回家后对爸爸说："我也要学王羲之，当书法家，我要练 1 万个字。"爸爸笑着说："好啊，那我们先从每天写 20 个字开始，一个月下来，你就能写 600 个字了，这样用不了两年就能达到目标了。"说完，爸爸还特意找来一本字帖，在首页写上"向 1 万个字进军"。从此以后，小岩每天写完作业就开始练毛笔字，有时甚至超额完成。每当这个时候，爸爸总是说："你真棒，照这样下去，你一定能成为书法家。"

第二，赞扬和鼓励

赞扬和鼓励能在帮助孩子树立自信心的过程中起到润滑剂的作用。每个人都渴望赢得别人的肯定，孩子更是这样，有时一个赞许的眼神、一个爱抚的动作，都能激起孩子百倍的热情。如果家长只会通过追究缺点的方法来教育孩子，就可能使孩子丧失信心。

自信心的培养不是一蹴而就的。当孩子刚出发时，也许豪情满怀，一旦遇上困难，可能马上垂头丧气，甚至否定自己。这个时候，家长不能说"早知道你不行""逞什么能呀"之类的话打击孩子的自尊心，而要鼓励他重新尝试："你有能力达到目标，在这之前你已经做得不错了，再努把力就能更上一层楼。"鼓励之后，还要帮助孩子分析困难，如果是方法选得不对，可以提示孩子："换一种角度考虑问题，或许会有更好的解决办法。"如果真的难以实现，也要让孩子知道，不是他能力不行，而是时机未到。

第三，帮助

在困难面前，孩子常常显得势单力薄，需要家长的帮助。

这里需要指出的一点是，家长的帮助也要讲究尺度和方法。当孩子没有寻求帮助时，家长不要指手画脚。比如有一个孩子想为父母做顿饭，但父母总怕他做不好，于是站在旁边"监督"，孩子切葱时，就高喊："小心手，不能这么切。"

油热了,又叫:"快倒菜,快倒菜。"结果一顿饭做下来,尽管父母一个劲儿地夸饭菜香,但孩子一点高兴的情绪都没有,因为他没有体会到成功的快乐。

同样是做饭,另一位家长却放手让孩子去做,结果饭也煳了,菜也咸了,家长非但没有批评孩子,反而帮他总结失败的原因,并鼓励他明天再做一顿。果然,第二顿饭做得可口多了。孩子失败了是正常的,只要家长帮他找出原因,再给他一次尝试的机会,下次他就能完成得很好。

上面说的是孩子没有寻求帮助的情况。如果孩子明确要求帮助,家长也要根据实际情况处理。有时候,虽然孩子的要求是正当的,但家长也要以建议的口气提供帮助,让孩子觉得并不是因为自己无能,而且最后的选择权还在自己的手里。有时候孩子想依赖家长,对于这种不正当的要求,家长可以明确地告诉他:"你能行,我们相信你自己完全做得到。"

单亲不单爱

单亲家庭,无论是离异还是丧偶,都会给孩子的心灵带来创伤。所以，单亲家庭的孩子多数有孤僻、敏感、暴躁、自卑等心理特征。这个时候，家长的教育方式十分重要，方式对了，孩子的成长就会一帆风顺，否则，问题就会越来越大、越变越糟。

有一部分家长离异时双方都承诺以后会管孩子，可孩子一旦出现问题，就马上像踢球一样把孩子推给对方，弄得孩子今天在这儿住几天，明天在那儿住几天。更有甚者，有的家长怕孩子会跟对方亲近，经常在孩子面前诋毁对方，这使孩子无所适从，对谁都不信任。

再来看看丧偶的单亲家庭，也存在很多问题。

小宇不到一岁的时候，爸爸就去世了。为了孩子健康成长，妈妈一个人带着小宇，她把一切希望都寄托在了小宇身上。小宇从小体弱多病，妈妈经常半夜背着他上医院，由于操劳过度，刚三十几岁的她，头发已经花白了。

上学以后，妈妈一心盼望小宇在学习上出类拔萃，因此每个星期都要找老师了解情况，一到期末考试，更是比孩子还紧张。小宇妈妈觉得自己已经很不幸了，不能再让孩子受委屈，自己这么任劳任怨，就是指望孩子长大后能有出息。

像小宇妈妈这样"唯儿独尊"的单亲母亲是比较典型的。要说起来，家长如此重视孩子的生活、学习，孩子应该过得比较轻松吧，其实不然。以小宇为例，他并不快乐。由于身体不好，他经常缺课，妈妈却要求他必须是班里的前十名。正因为如此，小宇的精神压力很大，每逢考试就生病。有一次班里评选班干部，小宇想当小队长，但凭他各方面的表现，当选的可能性不太大。妈妈知道后，就去找老师哭诉，说孩子多么多么努力，老师被感动了，让小宇当了小队长，因为小宇实在欠缺胜任能力，这让他背上了更重的精神包袱。

很多单亲家长都有这样的想法，希望能够为孩子承担一切挫折。他们经常在别人面前诉说自己的不幸，诉说自己带孩子的艰辛，其实，在这些家长的思想中存在一个误区：今天我为孩子付出了一切，明天孩子就要用他的一切来回报我的付出。所以，当孩子达不到期望中的标准时，家长就会产生怨天尤人的想法。

当然，我也见过很多单亲父母做得很好，他们的努力使得孩子能够非常健康地成长。比如，凌凌在上学前，父母就离婚了，他一直跟着爸爸生活。凌凌的爸爸工作很忙，但是每逢周末，一定会抽出时间来陪孩子。爸爸和凌凌就像朋友一样，经常聊天，相互说心里话。爸爸还特别鼓励凌凌参加各种集体活动，让孩子有机会结交其他小伙伴。在与这些家长接触的过程中，我发现他们身上有很多共同点。

第一，都有一个平静、乐观的心态

凌凌爸爸的做法是正确的——一方面他让孩子感到自己并不特殊，得到了同样的父爱；另一方面他为孩子打开了生活圈，让孩子通过交友、读书、参加集体活动等方式保持心胸开阔。

第二，都知道教孩子坚强比单纯的保护更重要

我有一位朋友，她在儿子佑佑三个月大的时候和丈夫离婚了。当时我很不理解她的行为，她却坚定地说："离婚让我懂得独立的重要。"

四年级的时候，佑佑转到我所在的学校上学，我对这个孩子既同情又担心，于是拜托佑佑的班主任对他多加关照。结果没过几天，这位班主任就告诉我一件令人吃惊的事情：按照惯例，新同学要向大家介绍自己的家庭，班主任告诉佑佑，如果觉得不方便，可以不用介绍。谁知佑佑坚决地说："您不用照顾我！"发言时，他非常自然地讲

道:"在我很小的时候,爸爸妈妈就离婚了,所以我不记得爸爸的样子。但我有一个了不起的妈妈,她教会我什么是坚强……"

后来,我到佑佑的班上检查,发现在墙上贴的评比表中,佑佑的各项活动都是全班最好的。面对这样的孩子,有很多东西值得我们反思。包括我在内的很多人,对待单亲家庭的孩子看似关心,其实是在不断地"强调"他们特殊的身份。而这些孩子真正需要的是什么呢?是一视同仁,是不露声色的帮助,是成长过程中的陪伴。

生活时常会发生变故,脱离我们的把控。单亲势必会给孩子带来伤害,但是家长可以用自己的坚强和智慧把这种伤害减至最小。单亲不单爱,家长要和孩子共同面对,跟孩子一起成长。

惩戒是必要的,但不等于打骂

该不该打孩子是一个人们争论不休的问题。有的人说"棍棒底下出孝子",有的人说"打孩子是一种无能的表现"。在这里,我们先不说该不该打孩子,有一个概念需要明确:

惩戒不等于打骂。

孩子刚出生时,他是一个自然体,而人不仅是自然体,还是社会体。把孩子逐渐培养成一个符合社会要求而又有价值的人,这是教育的目的。小学阶段,孩子的自制能力、认识能力、自我教育能力是不强的,所以必要的时候采取一定的惩戒手段也是应该的,但有以下几点需要说明。

第一,要明确惩戒的目的

奇奇把同学打伤了,同学的家长找奇奇爸爸反映情况。奇奇爸爸觉得丢脸,二话不说,把奇奇打了一顿,打完还扔下一句话:"下回你再敢这样,我还揍你!"挨打以后,奇奇果真有一段时间不敢再打人了。但是过了一些时候,奇奇爸爸又听到了儿子欺负人的消息。经过几次反复,奇奇爸爸也无可奈何了。

奇奇真的不怕打吗?当然不是,真正的原因在于奇奇爸爸没有明确惩戒的目的。家长惩戒孩子应该有两个目的。首先,要让孩子知道事情的严重性。孩子考虑问题浅,对造成的危害认识不清,家长要通过分析教育,告诉孩子给别人造成了什么样的伤害,给集体带来了什么样的损失,同时对自己的形象又有多么不好的影响。其次,让孩子从内心感到自责和羞愧,甚至让孩子自省、自悟,这无疑是帮助孩子完善人格的一个很好的机会。比如有一个淘气的孩子,在一次下楼时把前面的同学推倒了,造成同学腿部骨折。看到同学躺在地上痛苦的样子,这个孩子也吓坏了。后来,孩子的家长要求他每天搀扶受伤的同学上下楼、上厕所,让他感受因为自己的过错给别人带来了多大的痛苦与不便。这件事对孩子的触动很大,从那以后,他再也不恶作剧了。

第二,弄清楚来龙去脉

在惩戒孩子之前,家长要明确这几个问题:孩子究竟犯了什么错?这个错误能原谅吗?这个错误是孩子第一次犯吗?有的家长只要听说孩子做了错事,不管三七二十一,先把孩子揍一顿。试想,家长都没有弄清楚孩子犯了什么错,那孩子岂不是越挨打越糊涂吗?比如打伤同学,有很多时候可能是意外,孩子并不是成心的,那么这顿打挨得也冤枉。

家长对孩子严格要求是对的,但要从实际出发。如果孩子犯错确实有原因,那就要用宽容的态度给孩子摆事实、讲道理，尽量避免惩罚，但一定要告诉孩子免于惩罚的原因。比如因为意外伤害了同学，要让孩子向受伤的同学道歉，毕竟是给别人带来了痛苦，并且告诫孩子今后要力求避免再发生类似的事情。

一般来说，孩子第一次犯错是不应该受到惩罚的，因为有些时候，孩子并不知道该用什么方式处理问题，所以才会采取简单、极端的办法。

第三，明确惩戒的手段

无论如何，讥讽谩骂是绝对不应该的。惩罚的最好方法就是家长营造气氛，通过真诚理智的谈话，使孩子从内心自惩自罚。另外，行为惩罚也是必要的，要让孩子面对自己的错误，敢于承担后果。比如，有一个孩子在春游时偷拿了同学的钱买零食吃，家长知道后，告诉他要用自己的行动来弥补。几天后，正好是这个孩子的生日，家长原先答应送他一副乒乓球拍，现在球拍不能买了，因为要把买球拍的钱赔给同学。当晚，家长就带着孩子登门道歉、赔钱。这件事给孩子留下了深刻印象，从此以后，他再也没有犯过类似的错误。

家教"十忌"

第一，忌违反社会主流价值观

社会的变革以及物质生活的丰富会影响每一个人的价值判断，而一些违反社会主流价值观的想法和做法也会侵蚀一部分人的心灵，让他们在教育子女时，或多或少会传递一些负面的思想和情感。比如，让孩子觉得当班干部是为了享受权利，与同学交往就要有所"企图"，为班级做事一定要有所回报等。这种"得小利，失大义"的教育方式是极其错误的，因为今后社会无论发展到哪个阶段，孩子无论生活在哪种社会文化中，真、善、美永远是大家的共识。要想孩子一生平安幸福，就要用真、善、美的思想哺育他们，才能让他们在长大后堂堂正正地做人做事。

第二，忌长篇大论地说教

跟孩子谈话是一种很好的教育形式，但是切忌长篇大论地说教。有的家长在孩子出现问题时，谈起话来就是一两个小时，而且全是自己在滔滔不绝地说。这种谈话方式其实是错误的。一方面，孩子尤其是中低年级的学生，对大人所说的话不能完全理解，这就是我们常说的"没有使用儿童语言"。比如"自觉""踏实"这样的词语，大人经常使用，孩子却不明白或者不完全明白。所以，通常会出现这样的情况：家长觉得把问题讲透彻了，但孩子实际上没有完全领会。另一方面，在长时间的谈话中，家长往往容易跑题或者来来回回说同样的话，这也会直接影响谈话的效果。因此，家长在跟孩子谈话时，应该记住八个字——就事论事、少说多做。不管怎样，孩子毕竟是孩子，不是几次谈话就能教育好的，他们更需要家长手把手的帮助和引导。

第三，忌一切以智育为中心

先不说成龙成凤，孩子长大后首先得成人——成为一个心灵健康的人。而现在很多家长把"智育"放在了中心位置，一切都围绕这个中心转，这是不合适的，因为学习并不是孩子生活的全部。试想，一个没有健康心灵的孩子,就算今后考上了大学,成为硕士、博士,他也不会认为生活是美好的,往往一遇挫折就承受不了,这样失败的教训我们已经见得太多了。所以,家长应该把诚实、自信、对集体的认识、责任感、在社会制约范围内的独立性作为家庭教育的主要目标。

第四,忌放任式教育

常听有些家长这样说:"我认识的经理、董事长当中,有的人就是初中毕业,所以对孩子的教育不用要求那么高,长大自然就会好的。"我觉得,有这种观点的家长是目光短浅的,今后的时代是竞争时代,没有足够的实力,迟早会遭到淘汰的。

第五,忌不公平

孩子最为敏感的就是家长的不公平,所以家长无论是对孩子的兄弟姐妹,还是其他小朋友,都要一视同仁,处理问题一定要遵循公平的原则。我曾经听一位妈妈讲,有一年她家来了一位小客人,大人觉得应该热情招待,所以经常夸奖这个小客人,有吃的玩的也让小客人先挑。一开始,她的孩子还挺高兴的,但后来变得越来越烦躁,甚至跑到爷爷奶奶那里去告状,说爸爸妈妈不喜欢她了。等小客人走了以后,孩子委屈地哭着说:"为什么他什么都好,明明是我的字写得好看,你们却说他写得好?"尽管家长的行为是善意的,但在孩子心中造成了失落感。

第六,忌感情用事

教育孩子是家长的责任,但家长有时候也会使性子,凭着感情办事,使孩子产生不平、不满的感觉。比如,家长工作了一天,回到家里已经非常疲惫了,可孩子还兴致勃勃地想听故事,这时,有的家长就会皱着眉头说:"去去去,一边玩去,我累着呢。"试想一下,孩子该有多么失望啊!下次他有什么话就不愿意再跟家长说了。

第七,忌不以身作则

"爸爸要求我不能一边吃东西一边看书,他自己却像没事儿似的，一边吃东西一边看书。"孩子时常观察家长的行为，如果家长要求孩子去做自己都做不到的事，孩子心里肯定会产生不平衡感。

第八，忌凭个人意愿指使孩子

很多家长都是从自己的意愿出发，一个劲儿地指使孩子"学习、学习"。有的家长年轻时没能实现理想，就把希望寄托在孩子身上，要求孩子去学习一些他们既不擅长又不感兴趣的东西，迫使孩子承受很大压力。

第九，忌说话不算话

家长在教育孩子时，注意不要说做不到的话。曾经有一位家长在介绍自己的教子经验时说："在孩子面前，我坚持说到做到，说写完作业带他出去玩，就肯定出去玩；说练完琴再吃饭，多晚都得坚持。"在孩子面前，家长不要信口胡说，如果这次没有按照说的去做，那么下次你说的话在孩子这里就不灵了。

第十，忌教育态度不一致

很多家长在日常生活中树立的都是"严父慈母"的形象，当孩子出现问题时，通常都是爸爸批评、妈妈庇护。还有的家庭，爸爸妈妈管教都很严，却有爷爷奶奶的阻拦，这就造成了教育态度的不一致。所以，当孩子犯错时，往往只告诉护着自己的一方，而护着孩子的一方总采取迁就的态度。长此以往，孩子就找到了"保护伞"，家庭教育也失去了约束力。另外，家长教育态度的不一致也很容易引起家庭矛盾，造成家庭成员彼此间的不信任。

当然，以上所讲的家教"十忌"不是全面的，毕竟家庭教育是一项非常复杂、艰巨的任务，我希望每位家长都能认真、圆满地完成这个任务。

08

小毛病会导致大问题

家长A：做什么事都磨磨蹭蹭的，真拿他没办法！
家长B：孩子丢三落四的毛病跟他爸爸一个样，改不了。
家长C：孩子长大了，竟然学会顶嘴了！
家长D：我还以为只有大人会嫉妒，没想到孩子的嫉妒心也这么强。
家长E：我们一贯为人正直诚实，孩子撒谎也不知道是跟谁学的。
家长F：越大越难管，我每天就像在和他斗智斗勇一样。

李老师感言

再优秀的孩子也会有令父母头疼的时候。在成长的道路上，孩子会给家长出各种各样的难题。有些难题随着孩子年龄的增长，自然而然就能化解；有些难题即使家长费了很大的劲儿，成效也不明显。就像孩子的坏毛病，一旦养成，非但不会自然消失，纠正起来也很不容易。

面对孩子的坏毛病，家长首先不要惶恐，要想一想为什么会这样，然后抱着积极而又负责任的态度去纠正。需要提醒的是，要做好两个心理准备：第一，坏毛病会反复；第二，帮孩子改掉坏毛病需要时间和耐心。

拖拉：吃饭吃到凉，做作业"磨洋工"

孩子拖拉是让很多家长头疼的一件事，常听家长抱怨自己的孩子："一顿饭要吃上一个小时，饭菜全凉了。""做作业磨磨蹭蹭，经常折腾到深更半夜。"……曾有家长无可奈何地对我说："这孩子天生就是慢性子，没办法。"其实，每个孩子拖拉都是有原因的，只不过原因各不相同。

有的家长对孩子的事大包大揽，不给孩子动手的机会；也有的家长性子急躁，不愿耐心地教孩子怎么做。在这些环境中长大的孩子有一个共同之处——动手能力差，一旦轮到他们做事时，就会显得笨手笨脚、无所适从，做事效率自然低。

比如，早上起床穿衣服，胳膊半天伸不进袖子里，慢慢腾腾地总是扣不上扣子。对于这种情况，家长要经常给孩子创造锻炼的机会，一开始，他们可能需要用很长时间，完成的效果也不好，但是经过了这个阶段，到后面做起事情来就会逐渐熟练了。另外，家长要有意识地设计一些训练项目，像穿珠子、折纸、剪窗花……这些训练可以使孩子的手指更加灵活，从而培养他们准确控制和协调的能力。

此外，孩子做事通常缺乏科学性。很多事在家长眼里是极平常的，但孩子毕竟是孩子，他不懂得如何科学地安排做事的顺序和时间，因此做起来就不一定简单了。比如，让孩子扫地倒垃圾，如果不给他讲清楚，他很可能这里扫一点儿，撮起来倒了，那里扫一点儿，撮起来倒了，就是不知道先把垃圾扫成一堆，再一起倒掉。类似的事情还有很多，这就需要家长耐心地进行讲解，并做适当的示范，使孩子能够科学有效地利用时间，提高效率。

当然，孩子拖拉还可能是因为对所做事情没有兴趣。当一个孩子对事情缺乏兴趣而又非干不可的时候，他就会尽量推迟开始做事的时间。孩子越是找各种借口躲避，家长就越要及时提醒和严格要求，不能给孩子讨价还价的余地。

08 小毛病会导致大问题

小闻的妈妈经常发牢骚,说孩子做事太磨蹭了:"我和他爸爸每天从早催到晚,家里最多的就是闹钟、时间表和标语。"这个标语是做什么用的呢?原来,小闻妈妈对孩子的这个毛病恨得"咬牙切齿",这些标语都是贴给小闻看的,比如"制怒""耐心和鼓励是给孩子最好的礼物""放开你的拳头,露出灿烂的微笑"等,提醒小闻在气极的时候尽量不动手打孩子。

小闻的磨蹭不仅表现在生活方面,在学习上也有所反映。比如别的同学已经写了三行字,他可能连作业本还没打开。所以,别的同学都能当堂完成作业,小闻却要把作业带回家,经常写到晚上9点多钟。

不良的行为习惯不仅影响孩子的生活,还会影响他的学习,拖拉就是如此。拖拉的孩子最常见的情况是做作业"磨洋工",这可能与孩子不能连贯完成任务有关。在这里需要说明的是,不能连贯完成任务与因速度慢造成的拖拉是有区别的。同样是写一个字,速度慢的孩子虽然每写一笔都很慢,但他始终在写这个字;而动作不连贯的孩子,他写字的速度也许并不慢,可是写一半就会停下来去干别的,干完之后再回来写,所以时间自然也就延长了。不能连贯完成任务的孩子，写作业时通常需要大人在旁边督促，这是一种非常不好的学习习惯。

造成这种现象的原因主要有两方面。一方面，有些家庭住房紧张，一家几口在同一间房子里活动，交谈声、电视声此起彼落，在这样的空间里很难建立起良好的学习环境，孩子做作业时精神不集中也是可想而知的。还有的家庭，在孩子的书桌周围堆很多无关的东西，这也会分散孩子的注意力。另一方面，与孩子自身意志力不强有关。有些孩子也知道自己做事时注意力分散，但就是控制不住，总会找很多借口，再加上有的家长要求不严，长此以往养成孩子做事不连贯的坏习惯。

要想纠正这个坏习惯，首先，家长要尽量给孩子创造一个良好的学习氛围；其次，把有效的时间划分成几个小单位，让孩子在每一个小单位里保持精神集中；最后，要让孩子有"今日事今日毕"的意识，帮孩子确立明确的时间观念，使孩子从内心产生一种紧迫感。

丢三落四：今天丢了笔，明天落了本

顺顺上学才一个月，妈妈就意外地发现：孩子的脑子好像不够用了,成天丢三落四的。书包虽然塞得鼓鼓囊囊,可是今天丢了笔,明天落了本……妈妈隔三岔五就要跑到学校送东西。因为带不齐学习用品,顺顺也多次挨老师批评。面对这种情况,妈妈感到束手无策,只能叹气:"没办法,他爸就是这样,遗传!"

顺顺妈妈说的是气话,相貌可以遗传,但习惯是遗传不了的,更多是受后天影响的。

孩子在小学低年级时,丢三落四是一种很普遍的现象。究其原因,大致有以下四种。

第一,东西太多记不住

粗略地计算一下,每个孩子一天至少要带 20 种生活、学习用品:不同种类的书本、铅笔盒、垫板、手纸、水瓶、帽子、抹布……如果再遇到当天有美术课、手工课,需要准备的东西会更多。这么多东西,对于刚上学的孩子来说,要做到样样俱全、有条有理,还真不是一件容易的事。有时候,东西带齐了,可到了学校,因为放置东西的空间有限,所以桌面上、抽屉里、地上都搁满了,也容易让孩子在放学收拾书包时落下一些物品。

第二，管理东西的能力不足

在家长看来，把东西都放进书包是一件很简单的事情，但对于一个六七岁的孩子来说，如果在上学前没有经过训练，是会有一定难度的。有位老师说，她每天都能在教室里捡到十几支铅笔，一个星期下来，捡到的铅笔、橡皮、尺子能装满半个鞋盒。一方面，总有孩子说自己的东西找不着了；另一方面，这些丢了的东西却没有人认领。这是一个很奇怪的现象。通过这一现象恰恰反映出孩子对东西的管理能力差，用完的东西不仅不知放回原处，乱塞乱放，还不知道如何找回。

第三，缺少好的指导方法

孩子的记忆和成人不同，经常是孤立、缺乏联系的。比如明天上手工课，孩子很可能不会先在脑子里把上课的程序过一遍，不会由剪刀联想到胶水。所以，家长觉得简单的事情，孩子做起来有难度，关键就在于没有掌握好的方法。

第四，上学后看问题的角度发生了变化

从幼儿园到小学，虽然只经过两三个月的时间，但对于孩子来说，作息时间、生活要求、活动内容都发生了根本性的变化。幼儿园的老师有点像妈妈,而学校老师就是老师,老师对学生的要求与家长对孩子的要求是不同的。孩子上学后,需要独立面对很多问题,原来每走一步都有人提醒,现在变成了按照要求自己完成,所以需要有一个适应过程。在这个过程中,孩子会有一段混乱时期,不过即使是在混乱当中,他们也在学习,也在寻求方法,也在吸取经验。

面对丢三落四的孩子,我想给家长提几个小建议。

第一,教方法

俗话说,好记性不如烂笔头。记事本对孩子来说是必不可少的,应该让孩子养成每天写记事本的习惯,回家也要照着记事本检查自己的任务完成情况。低年级孩子在没有识字前,可以用拼音或图画来代替。

还可以编口诀。观察一下孩子,他们每天都是全副武装,头上戴着、脖子上系着、肩上背着、手里拎着……对于这些经常携带的东西,家长不妨把它们编成口诀,比如"帽子戴、领巾系、书包背、水壶提",出门先让孩子背一遍,放学时再背一遍。

教会孩子如何整理也是很重要的方法,家长不要觉得孩子一上学就什么都会了,其实他跟几个月前在幼儿园的时候没有太大的区别，放手也要讲究一个度，刚开始时还是手把手地教一教。比如让孩子每天在家按照课表收拾东西，每样东西在书包中都要有相当固定的地方。混乱的发生常常是因为孩子不知道把东西放在什么地方。另外，每个玩具、每件衣服或其他东西也都要有一个相应的位置，尽量使用半透明的储物袋等。

第二，选择一种符合孩子习惯的方式

有时候，家长在习惯的培养上不妨迁就一下孩子，比如孩子喜欢一进家门就把鞋子脱掉，家长就可以在门口放一个矮鞋架或鞋柜，然后坚持让他使用。这比单纯地说教要管用得多。

第三，家长要以身作则

习惯是不能遗传的，但它会产生深刻的影响。如果家长做事缺乏条理、没有计划，每天也是丢三落四的，那孩子也可能会有这方面的不足。比如前面说到的顺顺就很典型，顺顺爸爸的书房总是那么乱，两三个月以前的报纸放得到处都是，顺顺爸爸几乎每天都会因为找不到钥匙急得满头大汗。在这种环境下，顺顺丢三落四也就没有什么可稀奇的了。

丢三落四主要反映在小学中低年级的孩子身上,随着孩子自理能力的增强,生活规律以后,再加上掌握一定的方法,这种现象会逐步减少。但需要家长注意的是,在孩子刚入学时,手把手地教、不断地强化训练还是十分重要的。

第四,有几种事情家长不能做

1. 帮孩子找借口

丢三落四虽然是比较正常的现象,但肯定会对孩子的学习和生活产生影响,家长不要回避这个问题,当孩子出现状况时,要帮他找原因,进行具体指导,而不应该像顺顺妈妈那样,认为都是"遗传"惹的祸。

2. 经常送东西

很多家长发现孩子落了东西以后,马上就往学校送。同样,孩子丢了什么也是马上买。其实,如果不是太重要的东西,家长不要立刻就给他买,让他觉得反正东西丢了马上就能有新的。如果是生活必需品、课本、冬装外套等,就不宜采取这种方式了,应该立即补上。

3. 承担全部责任

也许孩子会因为没有带齐东西挨老师批评,家长可以把这看成教育的一种方式,不要因为怕孩子挨批评而承担起本该由他自己承担的责任。对于这类家长,我听得最多的话就是:"老师,对不起,都是我的错,我没给孩子收拾好。"

4. 包办

对孩子的事,家长不要一包到底,只要把握"教—扶—放"的原则,就能掌握好度。

顶嘴:"你凭什么管我"

毛毛上小学了,妈妈发现他有了很多变化,其中最大的变化就是不像以前那么听话了,让他干什么,得叫好几遍。有一天,毛毛正在看动画片,妈妈让他去倒垃圾,可他装作没听见。妈妈有些生气了,一把夺过遥控器,谁知毛毛竟蹦了起来,大声说:"你凭什么关我的电视?"妈妈一愣:"让你倒垃圾,你去不去?""不去!你说过这是我看电视的时间。"妈妈一下被噎住了,吼道:"你还敢顶嘴!"接下来就是一阵狂风暴雨……

第二天,我见到毛毛妈妈时,她提起这事还显得很生气,说:"真没想到,毛毛这么小就会顶嘴了,也不知是跟谁学的，我担心他以后会变得蛮不讲理。"我笑着安慰她说："放心吧，你们家毛毛还是从前的那个好孩子，他只不过长大了。"

我这么说，是因为顶嘴不是个性化的事，而是孩子成长的普遍现象。在孩子六七岁的时候，他们的思维迅速发展起来，各种要求也相应增多，无论是孩子还是家长，都还没有做好这方面的准备，所以，孩子的表达方式往往让家长接受不了，就像顶嘴，我们不能简单地说顶嘴是好还是坏，因为它有着多种可能性。

有些家长发现，孩子似乎是在上学后学会顶嘴的，他们常常会用"我们老师说……"来回敬家长。这种现象是正常的。以前，家长是孩子心中绝对的权威，家长所说的每一句话都是不容置疑的，但等到孩子接触的人多了，接受的信息量大了，他们就会发现，原来爸爸妈妈的话不全对，有些时候老师的话比爸爸妈妈的话更正确。这时，他们的新权威产生了。

在"独裁型"的家庭里，孩子顶嘴的现象通常更普遍一些，因为家长的态度过于严厉，会使孩子的心理更加逆反。与之相反，如果家长对孩子的态度是漠不关心的，孩子也可能会用顶嘴的方式来引起家长的重视。比如，有个孩子自从知道父母要离婚的消息后,她就想尽办法吸引父母注意,她悄悄地对同学说:"我发现,只要我一找碴儿,他们就没工夫打架了。"

当孩子顶嘴时,他其实是在表明自己对事物的一种态度,用这种方式提出自己的观点。就像毛毛,他想表明的态度是:现在是我看电视的时间,倒垃圾不是我的事,占用了我的时间,所以我不去。孩子不像大人,会选择恰当的方式表达自己的想法,他们在家庭中往往处于比较被动的位置,所以通常都是等到矛盾激化时才表达自己的意愿,但他们采取的方式又往往是让家长接受不了的。有些家长可能会期望孩子在发生冲突前就能表达自己的意愿,但这样的期望有些高了,因为从直接到婉转,孩子是需要长时间学习的。

另外,顶嘴也是孩子试探家长反应的一种方式。从孩子一生下来,家长就会不停地告诉他什么"行"、什么"不行"。随着年龄的增长,孩子开始对"行"与"不行"背后的事感兴趣,可他不敢贸然行事,因为家长的眼睛正盯着呢。怎么办?先试探一下再说。比如爸爸正在开车,孩子突然摸了一下方向盘,爸爸马上说:"别动!""我没动,就摸了一下。"孩子一边说,一边又伸手去摸。"爸爸开车呢,不许摸!""就摸!就摸!"这时,爸爸很可能会觉得孩子胡搅蛮缠，其实孩子是对方向盘感兴趣了，他的行为不过是在试探爸爸的反应而已。

虽说顶嘴是孩子成长的普遍现象，但家长也不能置之不理，至少不能让它变成"烦恼"。我能够理解，家长每天都要承担来自工作、家庭的巨大压力，如果回到家还要看孩子梗起脖子，听孩子出言不逊，是很容易被激怒的。但我还是要劝家长首先调整好自己的心态，有的孩子可能会被家长的愤怒暂时吓退，但有的孩子表现得甚至比家长更愤怒，结果顶嘴变成了吵嘴，这又何必呢？预防孩子顶嘴其实有很多方法，家长不妨参考以下四点。

第一，教孩子清楚地表达自己的要求

有的孩子说什么话都像是在顶嘴，但其实是不适应大人的说话方式造成的。比如，家长责问："你能不能不这样做？"孩子很容易顺口说："不能！"再比如，家长问孩子："你能马上把屋子收拾一下吗？"孩子可能以为是在和他商量，而他又有不同的选择，所以自然会说："不能。"这也就是说，对于年龄小的孩子，家长要尽量用直白的陈述句，少用复杂的反问句或双重否定句。

第二，让孩子知道自己在说什么

有时候，孩子顶嘴时说出的话让家长觉得很震惊，实际上很可能是孩子并不知道这些话的含义。小的时候，有一件事让我印象很深，我们班新转来一个东北的同学。有一次，她开玩笑地对另一个同学说："瞧你的小样儿！"周围同学都笑了。我不知道这句话是什么意思，但从大家的笑声中，我觉得这是一句很有意思的话。恰巧，那天回家，妈妈让我做一件事，我就说了这句话，原以为妈妈也会笑，谁知她生气地把我训斥了一番，我当时觉得自己很无辜。所以，如果家长对孩子脱口而出的话感到震惊，不妨先问问孩子，知不知道自己说的话是什么意思。家长有必要让孩子意识到：语言是交际的工具，使用不当会伤害别人的。家长可以直接把自己的伤心、失望告诉孩子，让他懂得对方的感受，这一点十分重要。

第三，温和地对孩子提要求

每年，家长都会给孩子添置新衣服，因为他们长高了，旧衣服穿不下。同样的道理，家长对孩子的各种要求也要随着孩子的年龄增长不断调整，否则就容易招来孩子的不满，而顶嘴就是孩子表达不满的方式。比如"放学后马上回家"

这个要求，在四年级之前，孩子能够很好地执行，但是到了高年级，孩子有了和伙伴们一起玩的想法，对个人空间的要求增多，越来越希望家长能放宽这方面的要求，这时家长如果依然强行要求，势必会产生冲突。对于那些会让孩子反感的要求，家长可以表示理解，但也要告诉他这是不能更改的。比如，很多孩子反感练琴，经常会为这件事跟家长讨价还价，如果采取强硬手段，效果肯定不好，这时家长可以尝试温和地提出要求，效果就会好很多。

第四，了解孩子

不管出于什么考虑，了解孩子永远是最重要的。家长要静下来听孩子的想法，同时要让孩子明白：倾听并不代表我必须接受你的观点，我也会坚持我的想法。要了解孩子，还要给他自我表达的机会，用一种平等的态度对待孩子，不要对顶嘴这件事太敏感。

嫉妒："看到他们得 100 分，我就生气"

我曾经问过几位家长："你觉得自己孩子的嫉妒心

强吗?"令人感到意外的是,这些家长都表示:嫉妒通常发生在大人身上,孩子是没有嫉妒心的。真是这样吗?我们先来看这样一个例子。

某校发生了一件怪事:第一次单元考试后,有个学生的满分试卷找不到了;第二次单元考试后,另外一个学生的满分试卷被涂改得乱七八糟。经过调查,做这一切的竟是个平时文静听话的小女孩。当老师问她为什么这样做时,她抽泣着说:"看到他们得100分,我就生气。"

通过这个孩子的言行,我们不难看出她有着较强的嫉妒心。而家长之所以会忽视孩子的嫉妒心,我想原因可能在于家长总是在生活上给予孩子最大的满足,再加上孩子平常与周围环境接触少,嫉妒心表现得不明显。其实,嫉妒心在孩子身上是普遍存在的,这是因为孩子的心理调节能力和社会经验不足,羡慕别人、渴望师长重视自己、以自我为中心等,都是形成嫉妒心的因素。孩子一旦产生了嫉妒心,所表现出来的行为也是很直接的,例子中小女孩的行为就是一个典型。

尽管嫉妒心在孩子身上具有普遍性,但这毕竟是一种不正常的心理,如果家长听之任之,容易发展成孩子人格上的缺陷，比如心胸狭窄、对别人的成功充满敌意，这样的孩子是不会被周围环境接受的。

总的来讲，孩子的嫉妒心可以分为两大类——不服气式的嫉妒和虚荣心式的嫉妒，这两种情况有着很大的区别。不服气式的嫉妒，指的是看到跟自己水平相当的同学超过了自己，心理不平衡，这种嫉妒中存在着非常可贵的上进心。而虚荣心式的嫉妒，指的是看到同学有一支漂亮的自动铅笔就特别羡慕，千方百计地要得到，否则就耿耿于怀，这种嫉妒没有任何可取的地方。在引导的过程中，家长要注意以下两点。

第一，观察孩子好胜心是否过强

在引导孩子战胜嫉妒心时，家长首先要看看这种心理中有没有争强好胜的部分。如果有，就要告诉孩子只停留在嫉妒上是没有用的，关键要通过行动超过别人，把以前的"凭什么是你而不是我"的想法变成"你行，我也行"的正当手段，帮助孩子获得成功。

第二，家长要引导孩子接受别人的成功

俗话说，天外有天，人外有人。要告诫孩子：不能夜

郎自大，你努力，别人也努力。当别人成功时，他肯定付出了很大的心血，一定有值得你学习的地方。所以当别人成功时，要能接受这个现实，虚心向别人学习，这是一种胸怀，也是一种高尚的品质。

当然，有的孩子在产生嫉妒心时，还会伴有自卑感，对自己的能力产生怀疑，所以家长要有意识地教导孩子成功的快乐是多方面的。

撒谎："今天没有作业"

孩子撒谎是一个令很多家长都感到困惑的问题。有的家长说，自己一贯为人正直，不明白孩子是怎么学会撒谎的；还有的家长在发现孩子撒谎后不知所措，甚至把这种行为视为严重的道德问题。其实，对于大多数孩子来说，他们第一次撒谎往往都是出于一个目的——自我保护。

丽丽刚上一年级，有一次听写只得了3分。丽丽很害怕妈妈责骂，她想起自己以前做错事的时候，妈妈的态度是十分严厉的。所以，晚上当妈妈要检查作业时，丽丽撒了谎："老师没有留作业。"

丽丽的这个例子十分典型。孩子没有社会经验，对他们来说，最大的恐惧莫过于家长、老师的批评，但又不知该用什么方法解决，所以一遇到事，首先想到的就是逃避，而撒谎是最直接、最简单的逃避办法。尤其是入学以后的孩子，经常会遇到学习上的困扰，在这种情况下，撒谎的现象更为普遍。孩子最初的自我保护式的撒谎，是可以理解的。但随着孩子年龄的增长、眼界的开阔、思维的活跃，如果撒谎现象还经常发生，那就要引起家长的注意了。

造成这个年龄段的孩子撒谎的原因很多，主要有以下四种。

第一，因模仿而撒谎

在成长过程中，孩子总是在不断地观察、模仿自己身边的人，比如同学、伙伴、哥哥、姐姐等。尤其是家长，对孩子的影响特别大，在某些事情上，如果家长不能诚实面对、以身作则，就会给孩子树立坏榜样。

第二，为引起注意而撒谎

有的孩子渴望别人重视自己、羡慕自己，但不知道该用什么方法引起注意，于是就采取了撒谎的方式，比如夸耀自己家里有钱、父母当大官等。

第三，因要求得不到满足而撒谎

现在的社会，物质十分丰富，所带来的物质诱惑也是巨大的。比如孩子看到别的小朋友有好玩或好吃的东西，自己没有，就会找家长要，家长没有满足孩子的要求，这时候孩子或许就会动点歪脑筋。如果做的坏事被家长发现了，他就会谎称东西是捡来的，或是别人给的等。

第四，出于游戏心理而撒谎

有些孩子，尤其是低年级的孩子，在一些本来没有必要撒谎的问题上也撒谎。这是因为他们把撒谎当成一件有趣的事，觉得骗人很好玩，甚至因此自鸣得意。

搞清楚孩子撒谎的原因，能够帮助家长有效地对孩子进行诚实教育，以利于孩子健康成长。一旦发现孩子撒谎，家长可以采取以下几个步骤。

第一步，不要马上戳穿孩子的谎言

面对孩子的谎言，不要马上戳穿，要尽量让孩子自己说出来，因为这么做，会加强教育的效果。这时，家长可以给孩子举些现实中或历史上的例子，并告诉孩子：把事情说出来才是诚实的表现，诚实的人也是勇敢的人，光憋在肚子里后悔，不是真正想改过。有的孩子总抱有侥幸心理，所以很难主动认错。对于这样的孩子，家长要明白地告诉他："我知道是怎么回事，但我更想听听你自己是怎么说的。已经犯了一个错误，就不要再犯第二个了。"

只要孩子把事情如实地说出来，教育的目的就完成了一大半。家长要马上给予肯定："能说出来就是诚实的表现，就是好孩子。"这里还需说明的是，很多孩子在叙述事情经过时，会尽量为自己开脱，避重就轻，家长要及时追问、纠正。

第二步，跟孩子一起分析撒谎的原因

孩子如实地说完事情后，家长要跟他一起分析撒谎的原因，这是对孩子进行诚实教育的好机会。家长可以这样告诉他：

谎言早晚会被揭穿，一旦被揭穿，受害的只能是自己。

撒谎的人开始都只想撒一个谎，但往往为了圆这个谎，

不得不撒第二个、第三个……

当事情发生时，不要只想着怎么逃避，要学会面对。说实话就是面对问题、解决问题的一个好方法，相反，撒谎是十分愚蠢的。

第三步，学会原谅

如果孩子已经认识到了自己的错误，家长就应该原谅他。今后如果孩子改正了，这件事就再也不要提了。

前面讲到的办法是针对一般孩子的，但也有一些特别的孩子，他们因为尝到了撒谎的甜头，养成了经常撒谎的坏毛病。纠正这样的孩子有一定的难度，家长必须下一番功夫，在教育时要注意几点：观察孩子喜欢和什么样的小朋友一起玩，有没有受到不好的影响，如果有，要及时引导孩子的交友方向。同时，要确立家规，比如"犯了天大的事，只要不是故意的，如实说，爸爸妈妈是可以原谅你的；但一件很小的事，如果撒了谎，就绝不原谅"。

孩子毕竟是孩子，缺乏自制力，难免闯祸。即使惩罚孩子，也不要根据事情的大小，而要看孩子的认错表现。家规确立后，家长一定要严格履行，说到做到，千万不能因为一时冲动，让孩子产生不信任感。孩子的可塑性是很强的，只要家长坚持使用正确的教育方法，撒谎的坏毛病是能够纠正的。

情绪抵触："你越不让做，我越要这么做"

当孩子还是婴儿时，家长盼望他快点长大；可是当他真的长大了，家长会突然发现他变得不听话了，有些孩子的反应更为强烈，他们开始反感家长的教育，不但听不进去，还经常与家长发生争执。

造成这种局面的原因有很多。有的是因为家庭矛盾比较大，这样的孩子容易敏感，由于情感上的需要不能满足，会迁怒于家长；有的是因为家长爱唠叨，让孩子感到厌烦；还有的是因为孩子在学校各方面表现都不好，心灰意懒，觉得大家不喜欢自己。当然，更多的情况是因为孩子长大了，他们开始进入青春期。

每当说起青春期的孩子，我都会联想起美国影片《楚门的世界》，影片讲的是一个叫楚门的孩子，从小就生活在"真人秀"的环境中，直到他三十岁的时候，无意间发现了这个秘密，毅然选择离开的故事。这部电影貌似荒诞，但在我看来更像是一个有关"成长"的寓言。当我们还是小孩子的时候，对这个世界的认知很多来自成年人的建构。比如，当妈妈给你吃第一块糖，然后告诉你："这是甜的。"你马上就建构了对"甜"这个概念的理解。试想一下，如果妈妈告诉你这个味道是"苦"，你是不是也能建构出一个概念？如果我们一直被这样建构，是不是就像一个个"小楚门"，我们以为世界就是这样的。但生命的奇妙就在于，到了某一天，我们一定会被身体中的某个"闹钟"唤醒，突然会想：真的是这样吗？有人这样形容："在孩童时代，我们完全依附父母，随着青春期的到来，我们逐渐有了独立的冲动，想要挣脱旧环境，发出新声音，我们开始寻找自己，探索边界，开始有一些'脱序'行为，大人们称之为'叛逆'。"

当孩子叛逆时，就像那个狂风巨浪也挡不住的楚门，心中充满了能量。影片最后一个场景是楚门终于找到通往真实世界的小门，导演问他真的要离开吗？真实的世界也许没有那么美好。而楚门的眼中却充满了兴奋与期待，当他躬身谢幕时，多像我们的孩子，告别父母的怀抱，去开始他们的"英雄之旅"。

影片到这里结束了，而我们的"小楚门"们却开始跌跌撞撞地上路了。他们踏上的是心理学上所说的"建立'自我的统一性'"之路。

当我们了解了这一切之后,再回过头来看"你越不让做,我越要这么做"这个问题就不难理解了。

随着时代的迅速发展,孩子接触的东西总是最新、最快的,他们的思想观念和上一辈会有很大不同,如果再用"家长制"的观念去束缚他们,肯定会引发矛盾。如果孩子对家长已经产生了抵触情绪,那么单纯的说教和强制都是不可取的,搞不好会使事情更糟糕。

其实,就算是情绪最抵触的孩子,在他的内心深处,也渴望得到周围人的无条件的爱。家长应该选取孩子防御心理最松懈的时候表达自己的关怀,这时的孩子最容易接纳感情滋润和爱抚,两代人走得越近,孩子才越会接受家长的建议。

以下是四种应对孩子抵触情绪的方法,家长可以一试。

第一,进入孩子的兴奋区

孩子总觉得家长不了解自己,和自己不是一类人,但当有一天,他发现家长也和自己有一样的想法时,会感到很惊喜。比如,当孩子被一个节目逗得哈哈大笑时,家长可以和他一起讨论这个有趣的节目。同时,要让孩子看到自己的脸,这样孩子才能真实地感受到家长的情绪。另外,如果此时给予适当的爱抚动作，孩子也易于接受，但是时间不宜过长，在孩子还没有"回过味儿"的时候，家长就应该自然且迅速地退出，因为一旦让孩子察觉到，他的情绪可能马上会变得抵触。

再比如，寻找与孩子之间的共同爱好。我曾听一位妈妈说，她儿子和爸爸的关系很紧张，爸爸在家里只会一味地训斥儿子，导致儿子一进家门就躲进自己的房间里不出来。但是，父子俩有一个共同的爱好——都是球迷，这位妈妈瞧准了这一点，一有球赛就招呼父子俩一起看。渐渐地，父子之间的感情亲密了，儿子在作文中写道："没想到球场看台上的父亲是这样的活跃，他不再是父亲，我也不再是儿子……"

第二，给身心受到伤害的孩子适当的关爱

当孩子身心受到伤害时，给予孩子适当的关爱，会给孩子留下刻骨铭心的记忆。当孩子生病时，往往变得很脆弱，希望得到家长的怜爱；当心灵受伤害时也是如此，希望从家长那里得到力量。在学习上、交友上，孩子都会遇到挫折，变得很沮丧，但同时，又不愿在父母眼里变成"失败者"，所以作为家长，这个时候既要表示同情，又要表现出对孩子能力的信任。通过这样的交流，孩子会觉得家长是最可靠的人，平时的抵触情绪也会逐渐消除。

第三，发现孩子身上的闪光点，及时表扬

抓住孩子做过的一件小事，然后给予肯定，通常会收到很好的效果。当然，有抵触情绪的孩子，对表扬也会抱有戒备心理。有的家长以为说"你真好""你真乖"，孩子就会高兴，这么做对年龄小的孩子来说，是很容易接受的，但对于年龄大一些的孩子来说，很有可能引起他们的反感，他们会觉得家长很虚伪，在把他们当小孩哄。但是孩子又希望自己的努力得到认可，因为这种认可是对他们能力的承认，所以家长在表扬孩子时，要有的放矢，适可而止。

第四，制造机会，争取主动

机会并非只能靠等待，我们自己也可以制造机会。比如，有位家长发现，学校一到3月就会搞"学雷锋，做好人好事"的活动，所以他总是提前一个月，有意识地叫儿子和他一起打扫卫生、修补物品等。果然，这个孩子在"学雷锋"活动中获得了入学以来的第一张奖状。当孩子自豪地把奖状举给家长看时，露出的是最纯真的笑容。

健康的性格源自良好的教育

我们判断一个人怎么样，一般都要观察他经常性的表现，这就是性格。性格是人对客观现实的稳定的态度，以及与之相适应的、习惯化了的行为方式。性格的形成受内因和外因两方面的影响。

人一出生就具有不同的气质特征。古希腊医生希波克拉底曾把人的气质分成四大类，即多血质、胆汁质、黏液质和抑郁质。多血质的人活泼好动，反应快，乐于与人交往，兴趣容易转移，具有外倾性；胆汁质的人性情急躁，精力旺盛，态度直率，心境变换剧烈，具有外倾性；黏液质的人安静稳重，反应缓慢，情绪稳定，不易外露，对工作严肃认真，具有内倾性；而抑郁质的人多愁善感，善于观察细节，行动迟缓，具有内倾性。

在现实生活中，只具有一种气质特征的人极少，大多数人具有两种或两种以上的气质特征，我们称之为"混合型"。后来，俄国生理学家巴甫洛夫又从高级神经活动的角度进行研究，进一步证实了气质分类的结果。巴甫洛夫认为，以上不同的气质是建立在人的高级神经活动类型上的，它对人的性格表现有着重要意义，但并不是决定性的，人的性格主要还是后天形成的。也就是说，神经类型和后天的生活环境影响共同造就了不同的性格。

据科学研究表明，7岁至12岁的孩子同属于一个性格发展区，这时孩子正处于小学阶段，主要受家庭和学校两方面影响，主要活动内容是学习，而这一阶段突出的对立矛盾是勤奋和自卑。具体来讲，此阶段的孩子通过稳定的注意力和孜孜不倦的勤奋完成任务，并从中体验乐趣，这是对自我能力的一个很好的认识。这种心理特征如果能很好地保持并发展，将有助于孩子在今后的工作、生活中充分发挥个人聪明才智。从另一个方面来讲，如果孩子没能体会到勤奋带来的乐趣，长此以往就会怀疑自己的能力，产生自卑心理。这种心理也会深刻影响孩子今后的生活态度。

针对这个问题，家长应在孩子的责任心、进取心、勇敢、谦逊和独立性方面下功夫，因为这些性格特征与勤奋之间有着密切的联系。

第一，家长要以身作则

家长的一举一动都会给孩子带来深刻的影响。一个总是改不了睡前吃零食的坏毛病的孩子，在他爸爸严厉地批评他时振振有词："你自己不是戒了几次烟都没戒掉吗？"所以，要想塑造孩子的良好性格，家长先要检查一下自己的性格特征，以身作则。

第二，从小事入手

有了明确的教育目标，并不代表每天都要把它挂在嘴边。教育专家指出，要尽量隐藏教育目的，让孩子在不知不觉中感悟道理，也就是让孩子"潜移默化"地去感受。比如带孩子去爬山，就是以出去玩的方式体会胜利登峰的快乐，从而形成孩子坚持、坚韧的性格。

第三，教育环境和方法要恰当

孩子的成长环境很重要。一个天天打打闹闹的家庭很难培养出身心健康的孩子，与此同时，家长采取的教育方法也至关重要。一些不好的教育方式，比如溺爱、娇惯、放纵,会使孩子形成任性、懒惰的性格;经常性的训斥和打骂,会使孩子形成压抑、自卑、不诚实的性格。总的来说,科学的家庭教育应该是民主的,家长在满足孩子合理要求的同时,也要对孩子进行一定的限制。最重要的是尊重孩子,真正把他当成家庭中的一员,只有这样才能培养出谦逊有礼、独立自尊的孩子。

第四,父母双方都要承担教育孩子的任务

由于父母性格不同,他们对孩子性格产生的影响也会不同。一般来说,妈妈带给孩子的影响是温柔、细致,而爸爸带给孩子的影响是勇敢、果断。实践表明:女孩子经常模仿母亲,男孩子经常模仿父亲。所以说,父母双方对孩子性格的影响各有不同作用,但都是不可取代的。

第五,根据孩子的气质特征"因材施教"

每一位家长心里或许都有一个"好孩子"的模式,但现实常常事与愿违:本来想有一个独立坚强的

> 孩子，却养出了一个敏感柔弱的孩子。没有关系，每种气质都有它的优势，只要充分发挥孩子性格的长处，敏感柔弱的孩子也能成长为做事独立、勇敢坚强的人。

09

会说才会教

家长A：孩子不爱跟我说话，有什么事情都憋在肚子里。

家长B：我的嘴皮子都磨破了，孩子就是不听。

家长C：天天谈、月月谈，孩子该怎么做还是怎么做，一点效果都没有。

家长D：有时候挺为孩子自豪的，只是不好意思在他面前表现出来。

家长E：我从不当面表扬孩子。

家长F：有些话题我不知该如何跟孩子说，比如"死亡""性"……

李老师感言

　　"说教"是目前很多家长使用的主要教育方式。所以，从某种意义上来说，家长会不会"说"决定了教育质量的高低，但这并不是说平时善于表达、口若悬河的家长就一定是个好的教育者。什么样的话孩子听得懂，什么样的话孩子听得进，什么样的话孩子喜欢听，其中是有很大学问的。

要经常和孩子谈话

有不少家长不经常与孩子沟通，不外乎没时间、没耐心和认为没必要这三个原因。

有些家长忙于事业，经常在孩子没起床前就出家门了，等到孩子睡熟了才回来，根本没有谈话的机会；有些家长则缺乏耐心，他们有时也会问孩子一些问题，但总是不等孩子说完就没兴趣听了，或者三言两语敷衍过去；还有些家长认为没必要谈话，觉得孩子没什么想法，跟他们谈话是多此一举的行为，从而采取放任的态度。

其实，孩子的心思并不复杂，但他们每天都在成长，总会遇到一些新的事情。如果家长长期忽视与孩子交流，就等于放弃对孩子的正确引导。当孩子犯了严重的错误时才忽然发现自己的孩子变得陌生了。另外,在上学后,孩子离家长的视线远了,独立接触的人多了,受到一些外在不良影响的可能性也就变大了,所以家长更要注意与孩子保持交流,要经常跟孩子谈话,及时了解情况。

还有一种情况,尽管孩子认为家长才是自己身边最亲近、最可靠的人,但就是有很多事不愿意主动跟家长说,而是把这些事当成秘密告诉同学、朋友。造成这种现象的原因比较复杂,比如有的孩子年纪还小,不懂得向家长倾诉;有的家长过于严厉,使孩子心生畏惧;有的孩子自以为长大了,不用跟家长说;还有的孩子觉得家长不了解自己,说了也没用。

> 阳阳今年上二年级,他是一个不错的孩子,就是有些贪玩,甚至有两次还因为贪玩耽误了上课,当时正好赶上班干部评选,阳阳因此落选了。他心里很不好受,可是又不愿意跟爸爸妈妈说,就自己一个人瞎琢磨,想来想去觉得是因为老师不喜欢自己。"老师总是说喜欢懂事的孩子,那我就要让老师看到我懂事。"
>
> 阳阳暗下决心,冲着这个方向努力,可他的做法

十分幼稚：只要一看到老师进教室，就马上拿起扫帚扫地，而且来回就扫讲台前后。一开始，老师还夸阳阳有进步，可慢慢地就感觉不对劲儿了。经过一番谈话，老师才知道是怎么回事。如果阳阳的家长及早发现问题，并告诉他解决的办法，那么就不会出现前面的事了。

很多家庭气氛融洽的家长在介绍经验时，都会谈到经常跟孩子谈话的重要性。这样做的好处主要体现在四个方面：

第一，及时了解孩子的所为所思

及时指导、纠正，防微杜渐是家庭教育的重要手段。

第二，可以建立和谐民主的家庭气氛

好的家庭气氛对孩子的成长影响深远，家长的朋友式交谈会像绵绵春雨滋润孩子的心田。

第三，直接影响孩子的思维方式和看问题的眼光

良好的家庭氛围和亲子沟通方式，会对孩子的思维方式产生直接影响，使孩子变得更有主见、更成熟。

第四，家长与孩子共同受益

童真是无邪的、充满丰富想象力的，家长是能够在与孩子的交谈中感受到这种乐趣的。

现在是一个强调交流的时代，要让孩子学会与他人交流，就先要教会他们与家长交流。

唠叨的"独角戏"不管用

有一天，我在快餐店里吃东西的时候，听到一位家长正在跟孩子唠叨："你的手怎么还是湿的？每次都跟你讲一定要烘干。""饮料这么烫，晾一晾再喝。""喝的时候别出声，不然会惹人笑话的。""你瞧瞧，桌子上掉得到处都是渣儿。""吃东西别东张西望的。""多嚼几遍，没人跟你抢。"……虽然背对着他们，但我敢肯定，这位家长一口没吃，从头至尾不停地提醒孩子的每个动作，我感觉自己就像在听一场直播。

刚开始，我猜想是位老奶奶在说小孙子，等好奇地扭头一看，没想到竟是一位三十多岁的妈妈，而她的孩子看模样也该上三四年级了。那小男孩很乖的样子，双手拿着汉堡包，一口一口地吃着。

离开快餐店，我头脑里始终都是那个小男孩。我想，他原本应该是欣喜的，这顿饭也许是他盼望已久的，也许是他费了很大努力才得到的奖励，可在享用的过程中，他并不愉快。

这让我想起了邻居家的小涵。他上三年级，眉清目秀的，每次在楼道里碰到总是很有礼貌地向我打招呼。可是一到晚上，我就能听到他妈妈训斥他的声音。我相信，无论是小涵妈妈，还是快餐店里的那位妈妈，她们都是爱孩子的，而且对孩子要求严格，只是她们使用的教育手段太单一了，除了一个"说"字，再没有别的了，而且还是独角戏式的"说"。

我接触过这样一些家长，当孩子的学习出现问题时，他们就委屈地对老师讲："我不是不管孩子，您不知道，为了说他，我磨破了嘴皮子，跟他讲上课要专心听讲，作业要自觉完成，做题不能马马虎虎，可他就是不听，我真没办法了。"可当老师问："最近给他听写过吗？"家长通常是一怔，然后说："老师，您不知道我工作有多忙，哪儿有时间管他这些事呀?！"

这样的家长具有很强的代表性。他们觉得只要自己说到了，孩子就能做到。如果单凭一个"说"字就能解决问题，那教育不就太简单了吗？家长提的每一个要求，都相当于在给孩子定目标，可是孩子的能力有限，再加上周围环境的干扰，要达到目标并不容易。比如，有位家长要求孩子放学回家后要先洗手，这个要求听起来不难，但有时候孩子要么是急于干别的事忘记了，要么是嫌麻烦懒得去洗。所以，就这么一个小小的要求，孩子用了两个月的时间才养成习惯。

还有的家长，对孩子重复同一个错误感到很气愤，他们不明白为什么自己已经讲得很清楚，但孩子就是不改正。比如清清放学后，总爱去地摊上看玩具，爸爸为此说了他好几遍，可他总忍不住要去看。这是孩子很容易犯的毛病，他们还没有很强的力量去抵抗诱惑。反复地犯同一个错误通常是孩子某个年龄阶段的特点。

当然，我并不是要家长以后不说，事实上，说服是很重要的教育手段。我只是希望家长不要以说代做，要提倡少说多做，特别不能讽刺、挖苦孩子。有的家长有一种"恨铁不成钢"的心理，对孩子要求很高，一旦孩子达不到，就使用一些比较极端的语言，想以此刺激孩子。其实，这种做法只会适得其反。孩子的心灵是很脆弱的，采取讽刺挖苦的态度会让孩子很容易产生自卑、胆怯和对立情绪，对家长产生离心倾向。我就常听一些家长说这样的话，"我真是拿你没办法"，或者"我供你吃，供你穿，你不好好学习对得起谁？"这样的话不仅起不到什么作用，还会影响家长和孩子之间的感情。孩子本想从家长那里得到安慰和帮助，却发现家长对自己很失望，发现自己的学习其实是为了回报家长，这些都会使他心里感到难受，反而更加彷徨。

人的成长过程是很复杂的，不可能直线上升，总会有起起伏伏、回转曲折。家长在说孩子的时候，既要有"说一遍不一定能奏效"的思想准备，又要防止唠唠叨叨、没完没了。一般情况下，如果同一句话说三遍还达不到效果，那就应该想想这种教育方法是否适用了。

有效谈话的四个原则

或许有的家长已经意识到跟孩子谈话的重要性，但是应该采用什么样的谈话方式呢？这也是一个技巧性的问题。我们不妨先看看几种无效的谈话方式，家长可以对照自行检查。

第一种，长篇大论式的谈话

有的家长认为，孩子犯了错绝不能打，而要讲道理，并且要讲透。所以，只要孩子一犯错，家长就找他谈话，一谈就是一两个小时。刚开始，孩子也许还注意听，但渐渐地就不耐烦了，再加上家长经常说一些很高深的话，孩子听不懂，就更没有兴趣了。对于这种长篇大论式的谈话，孩子通常是这个耳朵进那个耳朵出，效果非常差。

第二种，独角戏式的谈话

有的家长一遇到孩子犯错，就会喋喋不休地加以训斥，实际效果也常常不尽如人意。这是为什么呢？从谈话的场面就能看出来：家长慷慨激昂、滔滔不绝，孩子却低头不语。在这个过程中，家长没有给孩子任何说话的机会。对于这样的谈话，与其说是家长在教育孩子，还不如说是家长在寻求一种心理平衡：反正我已经教育了，孩子不改是他不听话、不自觉。

第三种，淡而无味的谈话

我们大人都对空洞乏味的谈话感到厌烦，更何况是孩子呢？我们说"寓教于乐"，如果作为家长，跟孩子谈起话来都是些口号式的、标题式的东西，那么次数一多，孩子就能把家长的话倒背如流，但是他并不会付诸行动。

第四种，训斥式的谈话

很多家长在孩子面前总是很威严，与孩子谈话也是一种训斥的口吻，这样的谈话内容是强制的，在孩子小的时候或许还可以，一旦孩子长大，就很容易引发家庭冲突。

第五种，东拉西扯式的谈话

有的家长说话缺乏条理，与孩子谈话不能做到就事论事。还有的家长喜欢"翻旧账"，孩子明明犯的是这个错误，却一定要扯上好几年前犯的那个错误，好像永远也改不了似的。实际上，当犯错的结果一样时，原因可能并不相同。比如同样是完不成作业，以前可能是学习态度问题，这次很可能是因为没把作业记清楚。东拉西扯式的谈话会让孩子搞不清楚自己究竟错在哪里。

那么有效的谈话方式是怎样的呢？概括起来有四条原则：平等、简明、新颖、实际。

1. 平等

平等指的是与谈话对象建立正确的关系。孩子虽然年纪小，但也有自尊心，有思想，所以家长要平等地对待他。这种平等的谈话气氛是要在平时培养的。当孩子讲学校里的事情时，家长不要觉得没意思，要尽力做个好听众。其实从这个过程中，家长能了解孩子的爱憎、悲喜，也能知道哪些东西会对孩子有影响。平等的态度是家庭民主化的基础，而民主的家庭对于培养孩子的自立、自强非常重要。

2. 简明

简明是指谈话要尽量简单明了。10分钟能说完的，不要拖到15分钟，不要怕孩子听不懂、记不住，话说得越多越容易跑题，越容易重复，这讲的是简单；而明了是指一定要让孩子知道谈话的中心内容是什么，让孩子清楚明了家长的观点、立场和态度。

3. 新颖

谈话要新颖，因为大家都对新颖的东西感兴趣。如果总是重复一句话，孩子可能早就麻木了。所以在谈话中，家长如果突然使用一个孩子从没听到过的词，通常能引起他的注意。假如孩子最近总是犯同一个错误，那家长就需要换一个新颖的角度去尝试。

小芳最近变得特别急躁，总想一下就把事情办好，妈妈跟她谈了很多次都不管用。这天,小芳拿杯子去接水,她把水龙头开得特别大,结果杯子里的水被击得直往外溅,拿起一看才接了半杯。在一旁的妈妈让小芳想想这是什么道理,然后去查字典什么叫"欲速则不达"。这件事给小芳留下了深刻的印象。

4. 实际

实际是说谈话要有实效。首先得就事论事,不要东拉西扯,也不要动不动就上纲上线。谈话的真正目的是要达到教育的效果。

最后需要说明的是,孩子不会因为一次谈话就被教育好,他还会反复,家长要有这样的心理准备。

用赏识代替命令

我有一位好朋友,对孩子的要求很严格。记得在一次朋友聚会上,那孩子弹了一支钢琴曲,我们都鼓掌说好,唯有我的好朋友板着脸说:"还差得远呢!"其实,我在背地里也经常听见好朋友自豪地夸孩子聪明,但她从来不当面夸奖,怕把孩子宠坏了。

我曾经给好朋友提过建议:最好能把夸奖和严格要求结合起来。好朋友却说:"今后竞争那么激烈,谁还会老夸你呀?就得自己奋斗。再说,要不是我高标准地要求,孩子今天还不知道成什么样子呢,这说明我的方法是对的。"

好朋友的话让我一时语塞,我想她的孩子心理承受能力一定比别的孩子强,这究竟是好事还是坏事呢?打个比方,如果有位跳高运动员想要挑战世界纪录,教练员是应该说"你必须跳过去"还是说"你能跳过去"?要是在平时的训练中,这两句话都能起作用,但在关键时刻,鼓励的作用要大于命令,因为它能唤起一个人的自信,使他释放自己的潜能。也就是说,鼓励可以使人的行动更具爆发力和持久性。

再回过头来看看好朋友的孩子。在一段时间内,孩子会在家长的各种要求下取得一定成绩,达到一定高度。但随着年龄的增长、环境的变化,这种简单命令下的教育方式就会出现问题。

第一,孩子的精神压力很大

孩子会感觉自己似乎永远也达不到家长的要求。我知道一个孩子，家长要求他在一个小时内保质保量地完成作业，他很快达到了要求；接着，家长把时间缩短到40分钟，他也做到了；可是当家长把时间缩短到30分钟的时候，他就达不到要求了，开始是书写潦草，后来索性走向另一个极端——"磨洋工"，这就叫"物极必反"。

第二，一贯地执行命令会使孩子迷失努力的方向

就拿学习来说，一贯地让孩子执行家长的命令，会让他认为自己是为家长学习的，这样怎么会得到乐趣呢？

在国外，有人曾经做过这样的试验：请一位很有名的科学家到学校，让他随便找几个孩子，摸着他们的头很赞赏地说："你非常聪明，今后肯定会有出息的。"结果这些孩子的学习热情立刻高涨，进步非常快，有的甚至远远超过以前比自己强很多的同学。这些孩子觉得自己得到了科学家的赞许，就一定能超过别人，自信心和内在动力被唤起了，达到了意想不到的效果。

目前，赏识教育已经成为各国教育界认可的一种很好的教育方式。天下的父母都觉得自己的孩子是最可爱的，都会有为自己的孩子感到自豪的时候，应该让这种感情自然地流

露出来。有些家长不善于表达感情，或者担心孩子会变得骄傲，这种担心是多余的。其实，赏识是对孩子的肯定，是以鼓励的形式告诉他什么是正确的，使他的行为更具持久性，朝着更高、更好的方向努力。

现在，很多父母都能以一种平等、民主的态度对待孩子，那么，让孩子知道父母欣赏自己哪些方面也应该不是一件困难的事情。如果父母能用赏识的眼光看待孩子，就会发现孩子的优点越来越突出。

表扬也要讲究方法

当一个人用心完成一件事后，听到别人的称赞，心中通常会感到高兴。孩子也不例外，他们更希望得到大人的表扬，甚至有时候大人的一句表扬，能让孩子记住一辈子。所以，家长不应该把表扬看成随口说出的话，而要使它有的放矢，充分发挥作用。具体地说，家长在表扬孩子时应该注意五点。

第一，表扬要及时

当孩子做出成绩时，爸爸妈妈应该马上给予表扬，这样才能达到效果。心理学上有一个"60秒效应",就是当你看到一件值得表扬的事情,在60秒内做出的表扬效果最佳。因为这时孩子对整个行动的过程记忆犹新,如果受到表扬,他会对此印象深刻,渐渐地就会养成这样的行为习惯。另外,及时表扬很容易引起孩子对自己行为的重视,并把正确行为延续下去。

> 小婧的学习不太好,平时作业总是只得六七十分。但是有一次,她的作业书写得格外干净、整齐,老师马上把她的作业拿到班上展览,还把表扬的消息通知了家长。第二天,小婧的作业书写得还是那么好,老师又表扬了她,慢慢地,她自己就产生了要完成好作业的愿望,而且要求自己不仅要书写好,正确率也要高。

有时候,孩子因为无意间做的一件事而得到赞许,可能连他自己都没有意识到这种行为的价值,如果及时表扬,可以增强孩子辨别是非的能力。比如,有一位全国优秀班主任曾经谈到,有一年她接了一个特别乱的班,当时都不知道该如何着手管理。开学第一天,她在楼道里碰到班上的一个女同学,那个女同学很标准地向她敬了队礼,并说了声"老师好"。这位班主任马上在班里表扬了女同学,并把她树立为全班学习的榜样。她就这样通过表扬这个孩子,带动了全班讲文明、懂礼貌的风气。这个例子虽然发生在学校,但在家庭教育中也是值得借鉴的。

第二,表扬要适当

表扬确实能激发孩子的上进心,但并不是说得越多越好,过多的表扬会使孩子失去对自己的认识。有个小男孩,刚上学时表现很突出,但到了二年级,就慢慢地落在别人后面。这是为什么呢?一开始,老师想在班里树立榜样,所以经常表扬他,以至于在他的头脑中形成了固定的概念:我很聪明,我什么都行,就算出了错也是一时马虎造成的。表扬渐渐地失去了作用,以致无法达到老师预期的目的。

第三,谨慎表扬轻而易举取得的成绩

有一次,两个平时学习都不太好的学生,在测验中都取得了好成绩,老师在表扬了其中一个的同时,仅仅对另外一个孩子进行了肯定。老师之所以这么做,是因为知道受表扬的孩子不是特别聪明,但是学习很努力;而另一个孩子刚好相反,他的脑子很灵活,但是上课不认真听讲,好成绩也是

偶然得来的。如果过度表扬后者，有可能强化这个孩子"不用功"的这个行为，从而使他对自己失去正确的认识，对其他同学来说也树立了一个坏榜样。

第四，表扬要发自内心

家长的表扬如果是发自内心的，那种情绪能够感染孩子，使孩子体会到表扬的分量和实质，从而影响孩子的表情、语言和动作。家长在表扬孩子时，要注意选择最能表达自己感情的语句，像"太让我感动了""你真了不起""你让全家人都感到自豪"等，让孩子知道发自别人内心的称赞才是最高的奖赏。

第五，表扬时既要重视努力的过程，也要重视结果

每个班都有学习努力但成绩不理想的学生。比如珊珊，平时非常刻苦，但考试成绩总处于中等水平，她是班里的学习委员，因为她的精神实在令人感动，老师希望别的孩子能向她学习。虽然老师经常表扬和鼓励珊珊，但她的成绩就是没有起色。原来，正是老师的这种表扬起了负面作用：努力虽然可贵，但也不能因此而不顾效果。这也就是说，在表扬孩子时，要看清事情方方面面，找准表扬的角度才是关键。

总之，家长每天都应该给予孩子鼓励和帮助。如果家长的表扬能让孩子感觉到家长"再接再厉"的期待，有可能让孩子的努力更有动力和目标。

可以这样和孩子谈"死亡"

孩子在成长过程中，对于"死亡"这个话题的认识也是分成不同阶段的，学龄前他们会因为遇到动物、植物的死亡，模糊地知道生命是会结束的；再大一些，当他们意识到亲人和自己也会死亡时，就会产生很大的恐惧。有些家长不知该如何向孩子说明这件事，我推荐一个比较有效的方法，就是借助文学作品来解释。

几年前的某一天，上课铃声已经停止了，我看到校园回廊上有个小小的身影，一个大概二三年级的小男生，低着头，靠在柱子上。我走过去问："上课了，怎么还不进教室？"那个小男生仍低着头不说话。我蹲下身，发现他在哭。"怎么了？"我一阵心疼，用手摸摸他的头。感受到我的善意，小男生一边抽噎，一边说：

"我爷爷去世了……"一瞬间,我感受到那份伤心与无助,我想了想对他说:"你在这里等我一下,我马上就回来!"说完,我连忙跑回办公室,拿出绘本《獾的礼物》。

当我把这本《獾的礼物》塞到小男生的手里时,他抬眼看着我,我对他说:"这本书送给你,回家和爸爸妈妈一起读,相信你会发现爷爷留给你很多礼物!"是的,我记不清这是我送出的第几本《獾的礼物》,类似的话说过多少遍。

我常年在手头备着这本书,学生、亲戚和朋友,只要有家人离世,我都会送上这本书。我认为《獾的礼物》是我目前看到的向孩子解释死亡最好的书之一。这本书主要分两个部分:第一部分用平静而朴实的语言讲述了年迈的獾离世的过程;第二部分主要讲述了獾的朋友们知道獾离世后非常伤心,他们纷纷回忆起獾对他们的帮助——教青蛙滑冰,教狐狸系领带,教兔子太太烤姜饼……这些曾经的帮助,现在已经变成了獾给予他们的最美好的礼物。随着时间慢慢流逝,虽然獾已远去,但他留下的礼物一直陪伴着他的朋友们,成为朋友们幸福生活的一部分。

这本书很薄,却能给人带来多角度的思考。

首先,亲人离世,是我们不愿面对但又无法回避的事实,如何平复我们的悲伤?如何寄托我们的哀思?《獾的礼物》传达了一个非常好的理念:寻找逝者曾经给予过我们的"礼物",让我们的生活更好地继续下去,并感恩于此。我有位表哥,因为与我生活在两个城市,所以我们来往不是很多,但每一次见面,他的热情与真诚都令我难忘。记得小的时候他看我系鞋带不熟练,就说:"我来教你一种又快又牢的方法!"果然,他系鞋带的方法与众不同,像变戏法一样,我很快就学会了。后来,我还在伙伴面前炫技过,我当老师后也经常会教学生用这种方法系鞋带。几年前,忽闻表哥去世了,我在难过的同时,想到了他送我的这份"系鞋带"的礼物,我发现这份礼物不仅我一直在享用,还有身边的那么多人与我一起享用。这时,我内心悲痛的情绪慢慢平复,感恩与赞美之情油然而生。

我曾听一位心理学教授讲她参与处理的一个危机干预案例:一名大三的学生突然离世,她周围的同学都很震惊,有的还出现应激反应。这位教授就把她的同学组织起来做了一次追思会,让大家回忆与这位同学相处时美好的事情,反思这位同学带给自己的成长,以及未来这些美好与成长可能给自己带来的变化。我不知这位教授是否读过《獾的礼物》,但智者同频,用积极的心理面对不幸,是我们应该有的生活智慧。

其次,如果我们能站在人生的终点思考人生的意义,那么对于每一个活着的人都会有所启迪。孩子对世界的很多理解来自成年人的建构,如果在孩子小的时候,家长给他们构建好底层逻辑认知,那么,随着年龄的增长、见识的增加和经历的丰富,他们的世界观才能始终是清明与温暖的。比如獾与朋友之间的关系是令人羡慕的,那是因为这本书的第一句话就是:"獾是一个让人依靠和信赖的朋友,总是乐于帮助大家。"而后面朋友们的所有情感生发,都是源自于此。

最后,"死亡"这个话题对于孩子来说是既恐惧又遥远的,家长经常不知该如何跟孩子谈论这件事,这时书中的故事就成了很好的媒介。

记得我曾经教过的一个三年级的男孩,一天上午他没来上学,我打电话询问情况,他妈妈说前一天晚上,这个孩子忽然问:"我会死吗?"当得到肯定的答案时,这个男孩子崩溃地大哭,爸爸妈妈怎么安慰都不行,直到凌晨孩子哭累了才睡着。孩子妈妈说他们从来没跟孩子聊过死亡这个话题，不知该如何表达才能消除孩子的恐惧。我当时就向这位家长推荐了《獾的礼物》，并建议全家围坐在一起，共同阅读这本书，并希望爸爸妈妈能回忆逝去的亲人，与孩子一起分享逝者留下的"礼物"。

过了几天恰逢"三八"节，这个男孩子腼腆地走到我跟前，从兜里拿出一只纸折的青蛙，对我说："妈妈告诉我，折青蛙是去世的外婆送给妈妈的礼物，昨天妈妈又教会了我。所以……这是送您的'三八'节礼物！"

如何与孩子科学地谈性

开门见山地说吧：和孩子谈性是我们每个做父母的躲也躲不开的话题！

为什么要说是"躲"呢？因为太让我们难以启齿了。"我不知该怎么说。""我不知说到什么程度。""我担心孩子会想得更多。"……到现在为止，关于如何与孩子谈性，全世界好像都没能想出一个最佳答案，"可我的孩子在一天天长大，我等不了了。"于是，当孩子问妈妈他是从哪里来的时候，在我们周围出现了形形色色的教育版本：

版本一：时刻准备式

妈妈顿时感到十分紧张，心想"小宝贝终于要问我这个问题了"，于是调用全部所学，复杂地向孩子解释了这个神圣的问题。孩子在整个过程中都用一种疑惑的表情看着妈妈，最后说了一句："可是妈妈，我只是想知道我们都是从哪里搬来的呀。"这会让孩子感到茫然。

版本二：拒绝回答式

妈妈坚决地说："这么小的孩子问这个干嘛，以后你就知道了！"这会让孩子感到羞愧。

版本三：混淆视听式

得到的答案五花八门：捡来的，鹳鸟送来的，从胳肢窝底下生出来的……这会让孩子接受错误的信息。

版本四：一丝不苟式

妈妈用非常准确的术语，甚至解剖图进行讲解。这会让孩子感到冰冷。

版本五：普遍认可式

妈妈温柔地说："爸爸把一粒爱的种子放到了妈妈的肚子里……"但是，几乎所有的妈妈讲到这里都会害怕孩子问："爸爸是怎么放的呀？"

其实仔细分析一下，我们最怕也最讲不好的仅是性行为部分，而"性"是一个非常大的话题，除了性行为，它还包括了性审美、性伦理、性心理等内容，这其中有对生命的理解，有对爱的诠释，有对责任的考验，还有对自我的保护……美国的艾尔夫妇在其《如何与孩子谈"性"》一书中提到："性的主题和正确的价值观紧密相连，而这正确的价值观正是爱，唯有爱能导致责任感和完善的抉择，以及更美好的情爱、家庭和社会。"

与孩子科学地谈性，不仅仅意味着专用术语、现实回放，而更应是一种态度，一种温柔、自然、充满爱的态度。最近我看到这样一则报道：某小学为了对学生进行感恩教育，组织高年级的学生和部分家长观看产妇分娩的纪录片。对于这种教育方式我个人觉得是不妥当的。因为对于知识储备和身心发育都没达到承受水平的孩子，这么做是一种粗暴的冒险。

那么，如何与孩子谈"性"？可参考下面四条建议：

第一，做好准备

做好准备主要指的是，家长在知识储备和心理上的准备。其中心理准备主要是指家长的态度。很多家长羞于谈性，才造成孩子对"性是羞耻的"。

第二，认识

如果孩子认为性是羞耻的，那么今后孩子身上发生了关于性的事情，他们通常会选择不告诉父母。首先"性"不是羞耻的，我们的性器官更不是羞耻的，它跟我们的眼睛、鼻子、嘴巴一样，它不肮脏，它只是一种隐私而已。所以在教育孩子性知识的时候，父母的态度最重要。当你被孩子问到这些问题时，一定不要躲避，要给他们传达一种这很平常的情绪。

第三，找对时机

其实孩子三岁之前就有了性意识，比如能根据生理特征辨别男女，知道自己的性别等。在这个阶段，我们可以很大方地告诉孩子各个器官正确的名称。

等到大概孩子上二年级的时候，家长就可以有意识地开始进行性教育。因为这个年纪的孩子在表达上没有问题，也有能力思考，同时能负起一些责任。如果太早跟孩子说这件事，孩子可能理解不准确，也不能充分提出自己的问题；如果太晚，孩子很可能已经从其他渠道获得太多不正确、零零落落的错误信息。另外，这个时期的孩子刚好对这样的议题有兴趣，也愿意了解，却又还不懂得尴尬，所以这个年龄段开始和孩子谈"性"是个好时机。

当我们很好地开始了"性"的话题,那么再往后,孩子遇到这类问题时,他们会很愿意继续向父母询问和讨论,"性"话题也就不会成为家里的"禁忌"。

第四,善用媒介

大多数家长不是教育方面的专家,在进行性教育时不好把握尺度,或者不知如何开口。所幸,现在有很多这方面的书籍可以成为教育的媒介,比如适合低年级小朋友的绘本,那些耳熟能详的公主和王子的故事等,都是很好的讨论两性关系的话题。等孩子再大一些,一些优秀的影视作品、经典读物都能提供好的素材。

另外,生活场景也是教育媒介。比如有心的家长会通过泳池里男生的泳裤和女生的泳衣,告诉孩子什么是隐私部位,以及如何保护自己。

第五,内容丰富

性教育的内容是非常丰富的。比如我们曾连续多年在六年级开展评选"最受欢迎的同学"活动,由男生选最受欢迎的女生,女生选最受欢迎的男生,并要写出投票理由。有趣的是：所有当选的男生都是因为一个理由被女生青睐，那就是——有责任心，这其实反映的就是性审美。但无论从哪个内容切入，最主要的一件事，就是要把这个话题谈得非常正面、有趣、吸引人，并且要以正面、清晰的方式，将话题引到婚姻、家庭、安全、爱与承诺上去。

性是一个很大的话题，我们可以采取化整为零的方式慢慢给孩子讲明；性还是一个爱的话题，只有正确地了解性，才可以让人生变得美好。

不听话或许是孩子独立意识的开始

几乎每个家长都有这样的困惑：孩子小时候很听话，为什么越长大越难管教了？

一般来说，发生这样的情况是从孩子上三四年级开始的，也就是九岁到十岁的时候。在教育学上，儿童的发展可以分为几个时期：六七岁到十一二岁叫"童年期"（又称"学龄初期"）；十一二岁到十四五岁叫"少年期"（又称"学龄中期"）。也就是说，三四年级的孩子处于童年期的中段，开始出现了少年期的一些心理萌芽。家长不要单纯地认为孩子不听话就一定是坏事，也许这正说明孩子在心理上开始变得成熟。

造成孩子不听话的主要原因有两个。

原因一，孩子进入小学中年级，通过学习和锻炼，具备了初步阅读的能力。他们渴望知道更多的东西，开始阅读课外读物，这就使他们的信息量骤然增加，眼界变得开阔。我曾对低年级和中年级的孩子做过有关玩的内容的调查，发现随着年龄的增长，孩子在玩的对象和形式上都发生了很大变化。低年级的孩子玩得比较简单、随意，比如蹦蹦跳跳，或者一张纸、一根棍子就能让他们很兴奋地玩上半天。但到了中年级，孩子玩的对象开始变得复杂，像电脑、棋类已经被很多孩子接受，他们更加侧重玩的挑战性和内容的丰富性。同时，这个时期孩子的交往面扩大了，他们开始扮演一定的社会角色，并积累了一些社会经验。

原因二，孩子已经接近少年期，开始产生独立见解，有了独立活动的要求，由以前的"你让我干什么，我就干什么"变成"你不让我干什么，我得试着干一干"。这反映了孩子希望用自己的眼睛看社会，任何事只有亲身尝试过才会相信。

当孩子由听话变得不听话时，家长不能粗暴地对待，而应该因势利导，从理入手。在进行教育时，有以下四点是需要注意的。

第一，让孩子仔细考虑事情的后果

尽管这个年龄阶段的孩子眼界开阔了，但分辨是非的能力还很差。所以，当孩子想做什么事情的时候，家长要引导他仔细考虑后果，是对还是错，得让他自己得出结论。同时，要注意孩子的交友情况，有时候小伙伴的一句话对孩子来说具有很强的煽动性。

第二，心平气和地把话说开

家长担心的是什么，有过什么样的教训，这些都应该让孩子知道，不能简单地用命令代替意见。同样，家长不妨从孩子的角度考虑一下，看看他的动机是什么，能否采取更加妥当的办法处理。

第三，尽力与孩子做朋友

家长要创造民主的家庭氛围，让孩子有话愿意和家长讲，也愿意听取家长的建议。同时，身为家长也可以更深入地了解孩子的思想动态，走进孩子的内心，教育起孩子来也就更加得心应手。

第四，要为孩子做出表率

随着年龄的增长，孩子渐渐地开始审视自己的父母来，如果父母在生活、工作中不能给他树立一个好榜样，那么他很容易会有不尊重父母的表现。另外，父母在教育孩子时，态度要一致，否则妈妈这样说、爸爸那样做，孩子一旦从袒护的一方得到庇护，往往会对另一方采取不尊重的态度。

在每个人的成长中，不都有过"试一试"的想法和经历吗？孩子的独立意识就是从这个时候开始的。古人说："是故为川者决之使导。"家长不要怕孩子不听话，而要重视引导。

10

家校合作，走稳求学第一步

家长A：哪个孩子不犯错？老师至于这么批评我们家孩子吗？

家长B：我的孩子一定要当班干部，只能管别人，不能被别人管。

家长C：孩子张口闭口"我们老师说……"，只把老师的话当"圣旨"，我说的一句也听不进去！

家长D：我这也是为孩子好，可他一点也不领情。

李老师感言

　　家庭教育和学校教育是教育的两种形式,各有所长,各有利弊,只有把两者有效地结合起来,才能做到扬长避短。

　　好的家校合作一定是建立在信任的基础上的。家长要信任老师的专业素质,老师也要信任家长的理性和智慧。这种信任关系一旦建立起来,对孩子的教育无论从哪个方面来讲,都是非常有益的。

当孩子挨批评时

当孩子在学校出现问题时,家长与老师的配合教育就显得十分重要。如果老师已经批评孩子,家长不能对此不闻不问,而要让孩子知道事情的严重性,意识到父母对他的行为也感到失望。其实,这个时候也是家长进行教育的好时机,可以深入浅出地引导孩子找到问题的关键,帮助孩子确定努力的方向。只是在教育方法上,家长要注意与老师保持一致,家庭教育才不会与学校教育脱节。

有一天上午,语文期末考试刚刚结束,我走回办公室时意外地发现班上的两位同学正在抽泣。监考老师告诉我,这两个孩子考试时偷偷看书。我看到他们后悔的样子,简单批评教育了几句，就让他们回家了。

临近中午的时候，其中一位同学的妈妈满头大汗地跑来问我，孩子的考试成绩会不会受影响。因为是第一次出现这个问题，我告诉她不会有影响。到了晚上，另一位同学的妈妈也打来了电话询问情况。第二天，我还收到了这位妈妈的来信。

李老师：

您好！我跟孩子谈了昨天的事情，下面是我和他的对话。

妈：君君，今天考试怎么样？

君：我觉得还挺好的。

妈：今天老师批评你们班同学了吗？

君：嗯，批评我了，因为我考试时看书了。

妈：你为什么要看书呢？

君：我是卷子做完了，扣上以后看的书。

妈：为什么要这样做？

君：我特别想得100分，我只是想看看做得对不对。（很坚决）

妈：你知不知道这样做很不好？

君：可我并没有改卷子呀。

妈：那么我来告诉你，这种行为是错误的，这时候分数已经不重要了。

君：……

然后，我跟他讲了许多，告诉他这样做的害处，还告诉他考试的真正目的是什么。最后，他流着泪问我："妈妈，我是不是要得零分了？"我说："现在妈妈关心的不是你的分数了，你明天主动找老师认错，保证以后绝对不再发生这种事情了。"

我希望孩子能永远记住这个教训，这样做对他今后的成长也是有好处的。我还有个请求，请您不要在全班同学面前公布君君的成绩，要不然这件事会在其他孩子心中产生不好的影响……

后来，我按照君君妈妈的意思解决了这件事。让我没想到的是，到了第二学期，这两个孩子在学习上表现出了完全不同的精神面貌：前一个孩子的成绩始终停滞不前，甚至退步了；而君君的成绩却有了大幅提高，由原来的中下游水平跃进班里的前十名。原来两个水平差不多的孩子，为什么到后来会出现如此大的差距？原因当然是多方面的，但从两位家长的态度上，我们也可以受到启发。

第一，对学习的认识不同

前一位家长仅重视分数，从而忽视了学习习惯和态度的培养。如果单纯追求分数，把分数作为唯一的标尺，那么在这种压力下，孩子为了达标，极有可能再次做出错事来。而君君妈妈在进行教育时，紧紧抓住了学习习惯和态度这个关键点，所以在后面的学习中，两个孩子就表现出了不同的实力。

第二，当出现问题时，家长要让孩子学会面对

前一位家长完全没把孩子作弊的行为当回事，只关注孩子的成绩是否受影响，那么孩子今后再遇到类似的事情，很可能还会使用一些不好的方法，学习积极性自然不高。而君君妈妈则是让孩子自己面对错误，自己认错、道歉。尽管看到孩子泪流满面，做妈妈的心里也难受，但是为了孩子，坚持原则是很有必要的。

第三，要抓住教育机会，才能把坏事变成好事

面对孩子作弊这样不光彩的事情，家长是选择尽量捂着，还是与孩子共同研究问题、解决问题呢？君君妈妈选择了后者，她与孩子开诚布公地谈话，并从中发现问题，对症下药，所以君君在第二学期才会有突出的表现，他要向妈妈证明自己是真的有本事。

该不该当班干部

　　学校举行中队小报评比活动，老师把这项工作交给莉莉负责，因为她是班上的宣传委员。放学后，莉莉把同学收集的资料带回家整理。妈妈看见了，眉头一皱，不高兴地说："这么多事情要干，作业什么时候写呀？"莉莉连忙说："作业很快就能写完，写完了我再整理。"

　　写完作业后，莉莉整理资料一直到10点钟，妈妈生气地说："都几点了？以后再遇到这种事，你就跟老师说你的字不好看，让别的同学管。"

　　每个孩子都愿意当班干部，并不是每个家长都愿意让孩子当班干部。

　　有的家长怕孩子当班干部以后影响学习，尤其是高年级的孩子，课业负担比较重，为班集体做事肯定会占用一部分学习时间；还有的家长怕孩子当班干部后影响与其他同学的关系，如果得罪了人，以后容易受委屈。

　　站在老师的角度来看，我觉得如果孩子具备了当班干部的素质，同学们又拥护他，家长应该大力支持他。有人对当代百名杰出青年进行了调查，结果表明：50.68%的人在童年时代经常是学校和班级的核心人物，74.33%的人在多数时间是学生干部。当班干部的孩子，自身要承受较大的压力，要有较强的意志力，同时在工作中会培养出社会必需的组织能力、表达能力、合作意识等。更重要的是，孩子通过自己的付出，为班集体、同学做出了贡献，这一过程对于他来说也是一种人格完善。

　　当然，大多数家长都是支持孩子当班干部的。现在很多学校评选班干部都采用民主选举的方式，有的孩子因为各种原因落选了，为了不让孩子伤心，有的家长甚至会找老师"开后门"。对于这个问题，老师又是怎么看的呢？为此，我特意采访了一位老师。

　　　　一年级新生入学后，选班干部是最让我感到为难的事情之一。有些家长会特意找到我，请我给孩子一个锻炼的机会。

　　　　望子成龙是每个家长的心愿，家长都认识到孩子只有不断增强竞争实力，才能在今后赢得更多的机会。所以，让孩子当班干部，在部分家长眼里已不再是为班集体服务，而是要让孩子成为管人的人，而不是被管的人。

家长的这种想法不仅给老师很大压力，更重要的是在无形当中给孩子造成压力。每次选班干部都会有这样的场面：刚宣布完班干部的名单，有的孩子当场流下眼泪。第二天，家长就会来告诉我，孩子回家后如何伤心，如何吃不下饭。其实，这些孩子都是刚上学，差距并不大，但也不能人人都是班干部啊！

平心而论，我觉得不是所有的孩子都适合当班干部。有的孩子能力没有达到，偏让他上，结果孩子自己也很难受。比如，我曾经因为一位家长的反复要求，让她的孩子当了小组长，可这个孩子自理能力很差，平时连自己的东西都整理不好，让他收发全组的作业本经常手忙脚乱，所以没干几天，其他同学就有意见了，经常埋怨他，使得孩子更加自卑。

老师愿意培养每一个孩子，希望能给所有孩子创造成功的机会，但不是说只有当班干部才能成为好学生，才能成才。每个孩子都有自己的位置，都"有所能"和

"有所不能"。对于孩子来说，家长更应该让他脚踏实地、量力而行。

这位老师说得很中肯，也让我们看到了这个问题的另一面。该不该当班干部，我觉得家长还是要多听一听孩子自己的意见，同时也要体谅老师以整个班级为出发点的立场。

我要提醒家长应当注意的是：当了班干部的孩子容易出现骄傲的苗头，家长一定要及时发现并纠正。比如，有的孩子看不起比他学习差的同学，总说别人这也不行，那也不行，一副清高的样子；还有的班干部喜欢在班里搞"小团体"，不能广泛团结同学。针对这些问题，家长应该告诫孩子："尺有所短，寸有所长，不能用自己的长处去比他人的短处。当班干部不代表你什么都好，同学们选你是认为你能为大家做事，不能让同学们失望。"

为什么总是"我们老师说……"

有时候，孩子会把老师的话当作"圣旨"，这种现象在低年级学生当中十分普遍。出现这种现象的原因是什么呢？

最主要的原因是孩子崇敬、热爱老师。上学后，孩子接触最多的就是老师和同学，老师在孩子心目中自然而然地占有很特殊的地位。在一群孩子面前，老师是绝对的"智者"，他的学识、头脑、谈吐甚至身高都使学生仰视。所以在孩子看来，老师说的话是绝对正确的。

　　当然，在学校众多的老师当中，孩子肯定会有所偏好，他越喜欢某位老师，就越会听这位老师的话。比如有个孩子很喜欢音乐老师，有一次音乐老师对他说："你这么瘦，一定是不好好吃饭吧？"结果当天晚上，孩子吃得特别多，都已经塞了一嘴，还不停地把饭往嘴里送。

　　另一个原因与孩子心理状态的改变有关。在上学前，孩子处于比较随意的状态。有调查显示，90%以上的一年级学生感到上学后要求多了，老师管得严了。孩子一下子要面对各种规则，难免会觉得紧张，无所适从。而老师作为规则的制定者与执行者，在孩子心中就有了巨大的权威性。孩子会把老师的正面评价看成对自己的认可。

　　不过，如果从另外一个角度分析，孩子只听老师的话，也有可能出于对家长教育的不满。

琪琪的妈妈平时工作很忙，教育孩子经常显得很急躁。有一天，因为学习上的一点小事，妈妈对琪琪大喊大叫，琪琪突然跳上床，叉着腰，仰着头，一本正经地说："我们老师说，对别人要友好，大喊大叫是不礼貌的表现。"

家庭和学校对于孩子来说是两个重要的成长环境，所以家长和老师要求的一致性很必要，否则家长这么说，老师那么说，孩子会觉得没有安全感，难以适应。有的家长最烦孩子张口闭口"我们老师说……"，感觉老师的话比自己的话管用，自己在孩子面前就没有威信了。其实，站在孩子的角度来看，当他对家长说"我们老师说……"时，他就在期待家长的态度了，甚至可以说，他已经做出选择，是在暗示家长：这才是对的，就应该这样。

那么，作为家长，当听到孩子说"我们老师说……"时，应该怎么做呢？

第一，把孩子的话听全、听懂

这个时候，家长不要着急上火，也不要马上打断孩子的话，耐心地听他说完，看他究竟想传达什么信息。比如例子中提到的琪琪，她不过是用这种方式发泄对妈妈的不满。

第二，教会孩子变通

如果家长发现孩子总是机械地理解和执行老师的话，那么不妨因势利导，教会孩子变通。比如，老师建议同学们用 2B 铅笔，但有个孩子写字特别用劲，涂改后作业本显得很脏，妈妈让他试试 HB 铅笔，他却坚决地说："我们老师没让换。"妈妈想了想，对孩子说："你先用新铅笔写一页试试，如果老师说你有进步，你就拿出新铅笔，问老师能不能一直用这支铅笔。"结果正如妈妈所料，自从换了铅笔后，孩子的作业越写越好。

第三，寻求老师的帮助

老师的要求通常是面向全班的，但每个孩子的实际情况不同，有的孩子执行起来可能会遇到困难。当有些困难无法克服，而孩子又执意要做时，家长完全可以出面与老师沟通，取得理解与支持。比如，有的孩子因为身体原因不能完成作业，或者无法坚持上课，心里又担心跟不上大家，这时家长可以请老师做孩子的思想工作，解除孩子的顾虑。

第四，多了解学校的各种要求，积极参与学校的活动

如果家长能对学校有更多的了解，那么对于孩子提出

的要求也能给予更多正确的帮助。比如有的时候出于教学的需要,老师会让孩子准备一些学具,或者搜集一些资料,可孩子年龄小,完成起来有困难,这些任务就会落到家长身上。这时,有的家长就会抱怨:"老师怎么今天说要准备这个,明天又说要准备那个?"这就需要家长及时了解学校的安排与要求,及时与老师沟通,可能的话,还应该积极参加学校组织的开放日、家长学校、亲子游戏等活动,以增进对学校、老师工作的理解。

很多时候,老师在课堂上提出的一个很小的要求,有的孩子回家后都会郑重其事地向家长宣布。如果对家长来说,完成这件事不是很难,不妨照着孩子说的去做。家长不要把顺着孩子的要求简单地理解为妥协,有些事在大人看来是小事,在孩子眼里却是天大的事,那么适当地满足孩子有何不可呢?

不帮倒忙不添乱

学校举办"六一儿童节联欢"活动,有个小男孩在后台等着表演独唱。这时,小男孩的妈妈来了,一边帮孩子整理衣服,一边问:"紧张吗?"

"还好。"孩子小声说。

"千万别紧张。"妈妈的声音有些急促,"台下那么多人,电视台的人也来了,你就当没看见,该唱什么就唱什么,我在台下给你照相。"

小男孩探出头,往台下看了看。

妈妈接着说:"注意出台时别忘了敬队礼,最重要的是表情,还要听清伴奏……"

我看到,妈妈越是仔细叮嘱,孩子脸上的神情越严肃,最后连眼神都有点发怔了。这时,音乐老师走过来,对妈妈说:"您别说了,您越说,孩子越紧张。他都练了很长时间了,不会有问题的。"

妈妈一愣,不说话了,但双手还是紧紧按在孩子的肩头。

终于轮到小男孩上场了,他僵硬地站在台上,额头已经冒汗了。前奏响起,他忽然想起还没敬队礼,连忙补敬了一个,把台下的小观众都逗笑了。这一下,他更紧张了,一张口竟忘了词儿。他妈妈这个时候正在台下举着相机,看到这个情况急得直跺脚。还是音乐老师有经验，借着上台调整麦克风的当儿，悄悄地把词儿告诉了小男孩，他这才把歌唱完。

看着小男孩满眼泪水地从台上下来，我心想：这孩子真是无辜啊，如果不是受家长的影响，他应该不会这么紧张。

在现实生活中，总有家长抱怨："我这也是为孩子好，可他一点也不领情。"其实，家长的出发点都是好的，但免不了会出现"好心办坏事"的情况。俗话说，物极必反。有的时候，家长看重一件事，又急于让孩子知道事情的重要性，往往造成紧张的气氛，给孩子带来压力。恰当的紧张感是必要的，但紧张过头，忽略了孩子的承受能力，就会适得其反。我经常遇到这样的家长，在孩子刚上学时就对孩子说："要好好学作文，作文可难了，如果学不好，以后就考不上大学了。"也有家长说："写作文虽然难，但只要你愿意下苦功夫，就一定能写好。"

我们站在孩子的角度想一想：听了这番话，还能对作文有兴趣吗？在孩子心里，作文已经变成了洪水猛兽，当他们真正开始面对作文时，恐怕只有惧怕和反感了。所以，有经验的语文老师在指导学生写作文时，第一条就是要"轻松上路"。

在和家长接触的过程中，我发现越是表现好的孩子，他们的家长越容易紧张。这或许是因为他们对孩子的期望更高，更加小心翼翼地呵护，正是这种小心翼翼让家长变得很敏感。

有个二年级的孩子，在班里担任中队长。有一次上体育课，他抢跳绳时不小心抽伤了同学的脸。虽然是个意外，孩子的家长却很担心，怕老师从此对这个孩子另眼相看。结果接下来的一个星期，这位家长天天到学校找老师了解情况，反复向老师申明，自己的孩子不是故意这么做的。

有孩子没有把试卷拿给家长签字，怕老师责问，就自己签了，结果被老师发现了。老师请孩子的家长来学校核实情况，谁知这位家长一口咬定字是自己签的。直到后来，孩子亲口承认错误，家长这才不好意思地对老师说："您也应该理解我的苦衷，我怕因为孩子这次撒谎，您就不喜欢他了，所以我才护着他。"

真是可怜天下父母心。其实，老师对一个学生的评价绝不会局限于一两件小事，更不会因为一个意外而否定孩子的全部。反思前面的例子，当家长告诉孩子不要紧张时，自己是否正在紧张呢？反复不停的叮咛、手忙脚乱的动作，这些都在向孩子传达一个信息——家长内心忐忑不安。我能够理解这种紧张，它源于家长对孩子的关爱，因为家长经历过，懂得世事艰难，才希望给孩子提个醒，为孩子多承担一些，使他们能够得到最完美的结果。但是，孩子有自己的路要走，再艰难也得他自己来，要不怎么能成长呢？

孩子是家长眼中的树，却是老师眼中的林

同一个孩子，在家长眼中和在老师眼中是不一样的。家长看到的是一棵树，希望他高大、挺拔；而老师面对的却是一片森林，既希望棵棵成材，又要考虑树木彼此间的融洽、协调。

有一次，我参加一个学校的音乐会，这次活动很重要，所以在演出前要进行一次彩排。可是等到节目马上要正式开始时，合唱队的一个孩子才匆匆赶来。了解后才知道，原来孩子的妈妈嫌

麻烦，想让孩子跳过彩排，直接演出。老师听了很生气，批评孩子没有组织纪律性，最后没让他上场。结果，孩子跑到观众席向妈妈哭诉，妈妈到后台质问老师为什么不让孩子上场。我听到双方的争执，感觉问题的关键在于老师和家长考虑问题的出发点不同。

我们经常会遇到这样的情况：同样一个孩子，同样一件事，老师和家长的评价往往会有分歧。比如有个孩子，上一年级时偷拿了家里几毛钱买零食吃，老师知道后严肃地批评了他，并希望家长能配合教育，谁知家长却不以为然，觉得总共没几个钱，再说也没花在别人身上，老师有些小题大做了。这种在教育观念上的不一致性时有发生，究其原因，主要在于以下三个方面。

第一，老师和家长接触到的是孩子的不同方面

对于家长来说，眼前只有一个孩子，尽管自己很了解孩子的性格特点，但对于孩子在集体中的表现、

应变能力、创造能力、交往能力等就知之甚少。另外，家长的教育经验比较少，考虑问题往往不全面，而且可参照的经验也不多。

与家长不同的是，老师生活在儿童群体当中，当看一个孩子时，他是把这个孩子放在一个坐标系中，与当时的学生有横向对比，与以往的学生有纵向对比，在横向比中看长短，在纵向比中求发展。以那个偷拿家里钱的孩子为例，老师之所以重视，是因为凭以往的经验，如果不马上制止孩子的这个行为，他很可能会向更严重的程度发展。果然，由于家长的放纵，到了三年级的时候，这个孩子偷拿了家里1200元钱，并在一个星期之内全部花光。这个时候，家长后悔了，再想补救，困难就大得多。

第二，老师和家长对孩子的期望目标有区别

家长一般希望孩子的个性能充分发挥，而老师虽然也重视个性的培养，但这种培养一定不能与集体的利益相抵触，也就是每个集体成员都不能搞特殊化，不能另立标准，即对共性的要求会相对多一些。

有这样一个孩子，很有绘画天赋，在没上学时就获得过绘画大奖，成了小名人。家长也迷失在一片赞扬声中，觉得自己的孩子聪明过人，所以当孩子上学后，家长就对老师提出了一些不太实际的要求，比如不能当众批评孩子、一定要让孩子当班长等。期末考试，孩子语文考了99分，家长拿着卷子，要求老师改成100分，理由是：这是孩子第一次参加期末考试，要给他留下一个圆满的回忆。

这虽然是极个别现象，却反映了个别家长的心态，这种单从孩子个体出发的做法，看似为孩子好，却会给孩子造成负面的影响。

第三，对孩子不同的培养方式，也会使家长和老师之间产生不同的认识。

家长面对的是一个孩子，可以单兵教练，更细致、更具体；而老师面对的是几十个学生，不可能事事都面面俱到、细致入微。比如一个孩子考试没有答完题，家长就责怪老师没尽到提醒时间的责任。事实上，这位老师注意到了孩子考试时不专心，也曾示意他，但他依然如故，老师毕竟不能只盯着一个孩子看，而是要照顾全班学生的。

一般来说，老师对学生的教育通常靠纪律、奖惩、激发情感等手段来实现。但有的家长对于老师当众批评孩子这件事，在情感上不能接受，甚至觉得比批评自己还难受。所以，有的家长会觉得老师的教育方式太"粗线条"：不够耐心、对孩子的内心感受体会不够等。

其实，老师和家长的目的是一样的，家长愿意有一个好孩子，老师愿意多一个好学生。好的教育是学校、家庭两者配合的结果，这就需要老师和家长之间多沟通、多交流。家长应该学会从社会的角度看待孩子的成长，只有在学校这样的社会化大环境中，孩子才会得到更多的锻炼机会。受委屈是避免不了的，但是从积极的角度来看，这也是对孩子的一种考验。

后记 孩子也教会了老师很多

家长们经常会有这样的想法：老师都是教育专家，有关孩子的事情都能搞定。但我想告诉家长的是：尽管老师受过专业训练，有很多经验，但面对孩子时，依然会有手足无措的时候。我更想告诉大家，不要小看孩子，他们的情感比大人更接近本真，比大人更有勇气，更有创造力。从孩子身上，老师也能学到很多。

理解孩子们的快乐

一天中午，班上几个孩子到我的办公室告状，说高年级的同学朝他们扔沙子。我赶去看时,只见一群高年级的学生正在教室边的沙坑里玩,我们班的窗台上、玻璃上已是一片狼藉。我连忙喝住了那些学生,并把事情告诉了他们的班主任。到了下午快上课的时候,那几个扔沙子的高年级学生被罚擦玻璃。当他们挥舞着抹布干活时,我发现班上的孩子都睁着好奇的眼睛,专心地看着。

过了几天,我已经淡忘了这件事。谁知有一天下午,我提前进教室,看到教室外的沙坑里全是我们班上的孩子,有的在兴致勃勃地挖地道,有的两个人共抬一把大铁锹,还有的正在朝窗户上扔沙子,并大声叫嚷着看谁扔得准。

看到这种情景,我真的很生气:他们明明知道扔沙子不对,为什么还要模仿那些高年级学生呢?简直是黑白不分!我喝问他们为什么这样做,得到的回答都是"好玩"。于是我板起面孔:"既然你们把玻璃弄脏了,就罚你们去擦干净。"话还没说完,我就看见孩子们的表情已经转忧为喜了。

这些孩子两人一组,欢呼雀跃地擦起玻璃来,大呼小叫,蹦上蹦下。几个没轮上擦玻璃的孩子站在一旁,用羡慕的眼神看着他们。这时我才意识到,在这群六七岁孩子的眼里,擦玻璃是一件多么令人向往的事呀!因为在家里,父母不让他们干活儿,在学校,出于安全考虑,一般也只有老师

后记
孩子也教会了老师很多

和高年级同学才能干,所以在他们心里,擦玻璃哪里是惩罚呀,简直就是奖赏!

受到孩子们的情绪感染,我也不像刚才那么生气了。最后,我们大家站在一起,欣赏着那一扇扇被擦得并不干净的玻璃。我心想:今天的惩罚是成功呢,还是失败呢?

孩子们的创造力是巨大的

有一天下课,我发现了一个怪现象:孩子们不像以往那样打打闹闹的,而是三个一群、两个一伙地蹲在地上,不知在捣鼓什么。我轻手轻脚地走过去,发现每个孩子手里都拿着一块吸铁石,在土里反复滚着。我明白了,他们是在吸土里的铁屑。我们学校的跑道上铺了一层红色的火山岩,可能因为土质的原因,含铁的成分比较高。看着孩子们兴致勃勃的样子,我突发奇想:不如让孩子们根据这个游戏做一个小实验,测测土里的含铁量。

当我把这个想法告诉孩子们时,得到了他们的一致响应。正当大家七嘴八舌地讨论实验方案的时候,有一个孩子举起手说:"老师,我们没有秤,怎么称重量啊?"我一下被问住了，但灵机一动说："这也是实验的一部分，你们都把测量过程写出来，看看谁的方法最聪明。"

第二天，我收到了孩子们交上来的实验报告，从这些报告中，我看到他们极大的热情。最让我感兴趣的是孩子们使用的测量方法。有一个孩子画了一幅连环画，画的内容是：先把可乐瓶的瓶盖放在盛满水的玻璃杯中，再把铁屑倒进瓶盖里，然后用尺子量瓶盖下沉了多少，最后得出结论。在画的下面还有一行字：我用这个方法做了，可没有成功。我把这个孩子叫到跟前，和他一起找出了实验失败的原因：铁屑太少了，瓶盖下沉得不明显，所以测不出结果。

无论如何，我从心里赞叹这些孩子的探索精神，没想到一个小小的实验竟然激发了他们如此大的创造力。我兴奋地问他们，通过实验得出了什么结论。孩子们都说："结论是在不同的土里含铁量是不同的。"我点头表示赞同。

没想到第三天，班里一个平时很不爱说话的孩子来找我，说："老师，我觉得您昨天说得不对，不是所有土里都含铁，我找的一种土里就几乎没有铁屑。昨天，我去问邻居一位工程师爷爷，他说有些土里的铁不是本来就有的，是人们不小心弄进去的，所以咱们用吸铁石测量土里的含铁量是不太正确的。"

后记
孩子也教会了老师很多

"真的?"我惊奇地问。这时,我心里有的不是尴尬,而是对这个孩子的由衷赞赏,他让我深刻体会到什么叫"教学相长"。

大人不能小瞧了孩子,他们蕴藏的创造力是惊人的。如果孩子开始时闪现的只是灵感的火花,那么当家长能把这些火花留住时,火花就会燃烧成创造的火焰。

拿出勇气信任孩子

六年级刚开学的一天中午,班里的两个孩子来找我,说音乐老师请他俩帮另外四个孩子"补课",教会他们吹竹笛,时间是每天的午休时间,地点是音乐教室。由于吹竹笛是我们学校的规定课程,那四个孩子的水平也确实差,再加上两个"小老师"似乎对这件事很有热情,我就同意了。

没想到一个星期后,又有五个男生来找我,说他们也想中午去练习吹竹笛。我一看这五个男生都是班里最不老实的,心想他们肯定有别的企图,比如想扎堆一块儿玩,吹笛子只是个借口。我本打算拒绝,但一想这些孩子都大了,如果断然拒绝,他们肯定会觉得老师不信任自己,那么不如顺水推舟，看看这十一个孩子中午凑到一起会干出什么事情来，等真出了问题再教育也不迟。

我想了想，严肃地说："我可以同意，但咱们得定一个契约——男子汉的契约。第一，要学吹笛子就好好学，每个人至少能独立演奏一首曲子；第二，专时专用，中午不能干其他事情；第三，有困难自己克服，有矛盾自己解决，不要找老师，如果能坚持下来，老师愿意听你们自豪地讲述克服困难的经过；第四，既然有'小老师'教，你们就要服从他们的管理；第五，以上四条有一条做不到就解散回班！你们都是班里的男子汉，说话要算话。"几个孩子很痛快地答应了，欢呼着跑出教室。

本来，我料想他们坚持不了几天，可一个半月过去了，没有人向我告状，也没有人抱怨或者想退出。我一直想去看看他们练习的情况，但又怕他们觉得老师不信任他们，所以就派了一个女生悄悄打探情况，反馈回来的信息是：他们练习得很认真，两个"小老师"也十分称职，为他们的每个"学生"量身定制了学习计划。尤其是其中一个"小老师"，还坚持写训练日记。后来我从他的日记中得知，这些孩子也闹过矛盾，起过冲突，最激烈的一次还发生了肢体冲撞，眼看就要出大事了，他们想起了和我定下的契约，谁都不想解

后记
孩子也教会了老师很多

散,就相互体谅,自行和解了。

　　见孩子们的练习成果不错,我把他们集合起来,鼓励他们成立笛子乐队,并许诺让他们在真正的舞台上演出。这一年的元旦文艺汇演,笛子乐队的成员神气地走上了学校小礼堂的舞台,为大家奉献了一场精彩的演奏,观众们报以热烈的掌声。看着孩子们激情飞扬的表演,在场的很多老师都被感动了,纷纷说:"太帅了,这才是男子汉!"